KB073545

십대들이 놓치면 안 되는 50가지 법률

# 동물농장 법률 이야기

**십대들이 놓치면 안 되는 50가지 법률**

# 동물농장 법률 이야기

ⓒ 이미현 · 최보선 · 이어진, 2021

**초판 1쇄 발행** 2021년 7월 15일
**초판 2쇄 발행** 2022년 7월 5일

**지은이** 한국법교육센터 이미현 · 최보선
**그림** 이어진

**펴낸이** 이성림
**펴낸곳** 성림북스

**책임편집** 노은정
**디자인** 쏘울기획

**출판등록** 2014년 9월 3일 제25100-2014-000054호
**주소** 서울시 은평구 연서로3길 12-8, 502
**대표전화** 02-356-5762  **팩스** 02-356-5769
**이메일** sunglimonebooks@naver.com
**네이버 포스트** https://post.naver.com/sunglimonebooks

ISBN 979-11-88762-20-0  43360

십대들이 놓치면
안 되는 50가지 법률

# 동물농장
# 법률 이야기

한국법교육센터 이미현 · 최보선 | 글

이어진 | 그림

 성림원북스

# 법은 생각보다
# 우리 가까이에 있어요

"어려워요!", "딱딱해요.", "법대로 살면 손해 보잖아요."

우리가 흔히 '법'을 떠올리면 드는 생각이에요. 어떻게 보면 당연한 생각이고 또 다르게 보면 꼭 그렇지만도 않은 것이 법입니다. 우리는 지금도 법의 테두리 속에서 안전하게 보호받으며 살고 있고 그 법을 조금씩 배워나가고 지키면서 살아가고 있습니다. 물론 간혹 법을 지키지 못한 사람들이 어떤 처벌을 받았다거나, 신종 범죄가 발생했다거나 해서 법을 잘 지키고 사는 사람들을 실망하게 하는 일도 생기곤 하지만요.

나 혼자 사는 세상이 아니라 다른 사람과 부딪히고 서로의 이해관계가 맞지 않는 일들에 대해서는 의논을 해서 맞춰 나가며 사는 세상이기 때문에 사람들이 모여 사는 공간에는 '규범'이라는 것이 늘 필요하지요. 그 규범들 가운데 특히 '법'은 한 사회의 구성원이라면 꼭 지켜야 하는 규범이고, 꼭 지키게 하도록 국가는 어떤 강제적인 힘을 사용할 수 있어요. 범죄를 저지른 사람이 처벌을 받는 것이 바로 국가의 강제적인 힘이 사용된 부분이라고 할 수 있어요.

그렇다면 이렇게 강제적이고 무서운 부분만 있는 것이 법일까요? 그렇지는 않아요. 나이가 어린 사람들이 학교 주변 도로 등에서 사고를 당해 다치지 않게 달리는 자동차의 속도를 아주 많이 줄이도록 하는 '어린이보호구역'을 지정할 수 있게 하고, 어른들이 어린 사람들을 함부로 대하지 못하도록 정하고 있는 것도 모두 법에 따른 것이거든요.

　이렇게 우리 모두의 삶에 법은 아주 가까이 자리하고 있지만, 법에서 쓰는 용어가 조금 어렵기도 하고, 어떤 일이 발생했을 때 어떤 법이 적용되는지도 바로 알기는 어려워요. 이처럼 여러분이 느끼고 있을 법에 대한 어려움, 막연함, 두려움 등을 조금이나마 털어내고 그 자리에 법이 필요한 이유, 우리 생활과 법이 얼마나 가까이 있는지, 또 이러한 법으로 인해 우리가 얼마나 안전하고 평화롭게 살고 있는지 등을 채워 넣기 위해 이 책을 쓰게 되었어요.

　이 책은 총 4개 장으로 나뉘어요. 각 장에서, 우리는 생활 속에서 만나는 다양한 사건들을 통해 어떤 법이 어떻게 우리의 갈등을 풀어주고 우리를 지켜주는지를 알아보게 될 거예요. 1장은 집을 중심으로 나와 이웃이 같이 잘 사는 사회를 만들기 위한 법에 관해 다루었어요. 2장은 학교와 학원, 3장은 온라인 공간에서 일어나는 사례를 통해 이와 관련한 법을 알아볼 거예요. 4장은 청소년을 보호하기 위한 법, 법을 다루는 사람들에 관해 자세히 다루었어요. 여러분이 법을 쉽게 접할 수 있도록 재미있는 사례와 실제 법률을 함께 만나볼 수 있도록 준비했으니 '내 이야기일 수도 있겠구나.', '어디선가 들은 적이 있는 것 같아!'라고 생각하며 편하게 읽을 수 있으리라 생각합니다. 자, 그럼 시작해볼까요?

2021년 7월
한국법교육센터 이미현 · 최보선

# 청소년들이 법을 몰라서
# 곤란을 겪는 일이 없기를

집과 학교, 학원, 온라인 공간이나 아르바이트 장소에서 청소년들은 여러 가지 사회적 관계를 맺고 있습니다. 사회적 관계 속에서 청소년들은 해로운 환경으로부터 보호를 받기도 하고, 인터넷 사용자로서 타인을 비방하거나 모욕해서는 안 될 의무도 갖고 있지요. 아르바이트하는 경우에는 최저연령과 직종 제한, 근로조건과 근로계약서를 확인할 수도 있어야 합니다. 예전보다 더 다양해진 청소년들의 생활환경에서 인식하든 인식하지 못하든 우리는 '법'으로 연결되어 있지요.

그러다 보니 청소년들은 법률문제가 생겼을 때 인터넷으로 검색을 해보거나 친구끼리 부정확한 지식으로 논의하는 경우가 많은데, 청소년의 시각에서 법률 내용을 체계적이고 정확하게 정리한 내용의 교재가 있다면, 청소년들이 자연스럽게 생활법률을 체득하고 인터넷에서 정확한 검색을 하고, 검색 시간을 줄여 줄 수 있을 것으로 봅니다. 또한 청소년과 가장 가깝게 있는 보호자들도 청소년들이 겪는 법률문제에 대해 알고 있어야 청소년을 잘 이해할 수 있으며, 문제가 생겼을 때 적시에 필요한 도움을 줄 수 있고 피해를 미리 예방할 수도 있고요.

『동물농장 법률 이야기』는 청소년들의 생활반경에서 일어나는 법률문제를 구체적 사례로 풀어 소개하였습니다. 독자들이 생활

속에서 간과했거나 정확히 몰랐던 법률문제를 청소년의 고민 형식으로 서술하였어요. 또 청소년들이 주의해야 할 부분에는 조언도 덧붙이고 생소한 용어는 설명도 추가하여 그야말로 책장이 술술 넘어갈 수 있도록 구성하였습니다.

책이란 읽고 나서 그 내용이 기억 속에 오래 남아있을 수도 있고 어렴풋하지만 뭔가를 찾는 실마리를 제공하면서 기억에 남을 수도 있어요. 나아가 일상생활을 하면서 그 내용을 새삼 깨달을 수도 있습니다. 『동물농장 법률 이야기』가 어떤 도서로 기억되든 그것은 독자들의 몫이지만, 청소년들이 적어도 일상생활에서 법을 몰라서 곤란을 겪는 일이 없도록 하겠다는 집필진과 편집자의 노력을 오랫동안 기억해 줬으면 하는 바람입니다.


변호사 정소연
(법무부 범죄예방정책국 보호정책과장)

## Ⅲ 온라인에서도 다른 사람을 존중해 주세요! / 121
정보보호/성폭력범죄/보이스 피싱/과대광고/저작권 등에 관한 법

**공공장소에서의 법, 법과 관련된 직업은? / 189**

무면허운전/청소년보호/최저임금 등에 관한 법/법과 관련된 직업

# 집에서도 법이
# 적용되나요?

혼인 / 상속 / 층간소음
동물보호 / 아동학대 등에 관한 법

초등학교 6학년인
유나는 뷔와
결혼할 수 있을까?

방탄소년단 뷔와
결혼하고 싶어요!

초등학교 6학년인 유나는 가요 프로그램에서 방탄소년단의 칼군무를 본 이후로 방탄소년단에 빠졌고, 멤버 중에서 뷔의 팬이 되었어요. 유튜브에서 매일 방탄소년단을 검색해서 새로 올라오는 뷔의 영상을 보는 것이 하루의 큰 즐거움이지요. 이제는 하루라도 뷔를 보지 못하면 견디기 어려울 것 같고, 뷔와 결혼까지 꿈꾸게 되었어요.

물론 아이돌과 결혼하는 것은 꿈같은 이야기이지요. 하지만 만약에 뷔가 유나를 좋아한다면 유나는 뷔와 결혼할 수 있을까요?

민법 제807조는 결혼할 수 있는 나이를 만 18세로 정해놓았어요. 만 18세가 되지 않으면 결혼을 할 수 없지요. 만 18세 이상이라고 해도 미성년자라면 민법 제808조에 따라 부모님의 동의를 받아야만 결혼할 수 있어요. 만 19세 이상의 성년인 경우라면 부모님의 동의 없이도 결혼할 수 있어요.

결국 만 12세인 유나는 우리 민법에서 결혼할 수 있는 나이인 만 18세보다 어리기 때문에 결혼할 수가 없습니다. 설령 뷔가 유나를 좋아한저, 아직 어리지만 결혼하고 싶어요!

다고 하더라도 유나는 결혼을 할 수 없는 나이인 거예요.

결혼할 수 있는 나이에 대해서는 국가마다 다르게 정하고 있어요. 미성년자 결혼 비율이 세계에서 가장 높은 국가 중 하나는 인도네시아예요. 유니세프에 따르면, 인도네시아 소녀 10명 중 7명이 18세 이전에 결혼한다고 해요. 하지만 조혼 풍속이 있는 국가에서 많은 소녀가 너무 어린 나이에 결혼하면서 여러 문제점이 생겼어요. 부모가 돈을 받기 위해서 미성년자인 소녀를 결혼시키는 끔찍한 일들이 있었어요. 그리고 미성년자에게 성범죄를 저지른 사람이 처벌받지 않기 위해서 미성년자가 원하지 않는 결혼을 강제로 하는 예도 있었어요.

인도네시아에서는 이렇게 어린 신부로 인한 각종 문제점을 막기 위해서 결혼할 수 있는 여성의 나이를 16세에서 19세로 올리기로 했어요. 과거에는 인도네시아에서 여성은 16세, 남성은 19세가 되면 결혼을 할 수 있었는데, 여성의 결혼 연령을 남성과 마찬가지로 19세로 바꾸기로 한 것이지요.

우리나라도 예전에는 조혼이라는 풍속이 있어서 매우 어린 나이에 결혼을 시켰지만, 현재는 어린아이들을 보호하기 위해서 국가에서 혼인 나이를 만 18세로 정하고 있는 것이랍니다.

**꼭 알아두어야 할 법률 상식**

### 민법

제807조(혼인적령) 만 18세가 된 사람은 혼인할 수 있다.

제808조(동의가 필요한 혼인) ① 미성년자가 혼인을 하는 경우에는 부모의 동의를 받아야 하며, 부모 중 한쪽이 동의권을 행사할 수 없을 때에는 다른 한쪽의 동의를 받아야 하고, 부모가 모두 동의권을 행사할 수 없을 때에는 미성년후견인의 동의를 받아야 한다.

부모님이 전 재산을
기부하시겠대요!

부모님이 돌아가시면 가족이 재산을 물려받게 되지요. 부모님의 가족인 할아버지, 할머니, 부모님의 형제나 자매, 자식들 모두 재산을 나누어 갖는 것일까요? 만약 나누어 갖는다면 모두 공평하게 나누어 가지면 될까요?

사람이 죽고 난 후에 다른 사람에게 재산을 주는 것을 상속이라고 해요. 민법 제1000조에는 상속을 받을 수 있는 사람과 순위를 정해놓았어요. 가장 먼저 상속을 받을 수 있는 사람은 1순위인 자식과 손자, 손녀예요. 자식, 손자녀가 없다면 그다음으로 받을 수 있는 사람은 2순위인 돌아가신 분의 부모님, 조부모님이지요. 부모님과 조부모님이 없다면 3순위인 돌아가신 분의 형제, 자매가 받을 수 있답니다. 형제, 자매도 없다면 4순위인 돌아가신 분의 삼촌, 고모, 4촌 동생 등이 받아요.

만약 돌아가신 분에게 배우자가 있으면 배우자는 공동으로 상속을 받게 된답니다. 상속의 1순위인 자식과 손자가 있으면 배우자도 함께 상속받지요. 2순위인 부모님, 조부모님이 상속받을 때도 배우자가 함께 상속

을 받아요. 만약 1, 2순위 모두 없다면 배우자가 모두 상속받아요.

고인이 돌아가시기 전에 유언을 남겼다면, 그래도 민법에서 정하는 대로 상속을 받아야 할까요? 유언을 남겼다면 유류분을 빼고는 유언에 따라 상속을 받는답니다. 다만, 유언을 남길 때는 법에서 정한 형식과 내용을 지켜야 인정이 되고, 지키지 않으면 무효가 돼요. 형식을 갖추어 자필로 쓴 경우, 녹음한 경우, 증인이 있는 문서인 증서(공정증서, 비밀증서, 구수증서)를 남긴 경우에 인정되지요.

만약 고인이 장남에게만 전 재산을 상속하겠다고 하거나, 전 재산을 사회에 기부하겠노라고 유언을 남겼다면 다른 가족은 아무도 상속받지 못하는 것일까요? 우리 민법은 유류분 제도를 인정하고 있어서 상속을 받을 수 있어요. 유류분은 상속 재산 중에서 상속인을 위하여 법률상 반드시 남겨 두어야 할 일정 부분을 말해요. 유류분은 상속 순위에 따라 상속인이 되는 사람만 받을 수 있고, 그 비율은 민법 제1112조에 따라요.

이렇게 우리 법은 가족생활의 안정과 상속인의 생활 보장을 위한 제도를 두고 있다는 사실, 기억해 두세요.

## 민법

제1000조(상속의 순위) ① 상속에 있어서는 다음 순위로 상속인이 된다.

1. 피상속인의 직계비속

2. 피상속인의 직계존속

3. 피상속인의 형제자매

4. 피상속인의 4촌 이내의 방계혈족

제1003조(배우자의 상속순위) ① 피상속인의 배우자는 제1000조제1항제1호와 제2호의 규정에 의한 상속인이 있는 경우에는 그 상속인과 동순위로 공동상속인이 되고 그 상속인이 없는 때에는 단독상속인이 된다.

제1112조(유류분의 권리자와 유류분) 상속인의 유류분은 다음 각호에 의한다.

1. 피상속인의 직계비속은 그 법정상속분의 2분의 1

2. 피상속인의 배우자는 그 법정상속분의 2분의 1

3. 피상속인의 직계존속은 그 법정상속분의 3분의 1

4. 피상속인의 형제자매는 그 법정상속분의 3분의 1

동규는 며칠 전 아버지가 돌아가셔서 큰 슬픔에 잠겨 있었어요. 그런데 슬픔에 빠져 있을 새도 없이 자꾸 모르는 사람들이 집에 찾아와서 아버지가 빌린 돈을 갚으라고 해요. 아버지가 남기고 간 재산이 조금 있기는 하지만, 동규네 가족은 아버지가 빌린 돈을 갚을 여력이 없어요. 동규네 아버지가 진 빚이 있다면 남은 가족들이 다 갚아줘야 할까요? 상속받을 재산보다 빚이 많은 경우에 상속을 받고 싶지 않아도 받아야 하는지 난감하겠지요.

빚까지 상속을 받을지는 상속인이 결정할 수 있어요. 빚이 얼마나 되는지, 언제 알았는지에 따라서 결정할 수 있답니다. 만약 빚이 있긴 하지만 상속받을 재산의 금액이 더 큰 경우에는 빚과 함께 상속받는 것이 낫겠지요. 이렇게 빚과 재산 전부 상속받는 것을 단순승인이라고 하지요. 단순승인을 할 때는 빚이 얼마나 되는지 정확하게 파악해야 한답니다.

고인이 돌아가셔서 상속이 시작된 것을 알게 된 후 3개월이 지났는데, 아무런 의사를 표시하지 않으면 단순승인을 한 것으로 봐요. 그래서

3개월이 지나기 전에 빚이 얼마나 있는지 파악하고 전부 상속받을지를 결정해야겠지요.

반대로 빚이 상속받을 재산보다 많다면 상속을 포기할 수 있어요. 상속 포기는 사망을 안 후 3개월 이내에 상속을 포기한다고 신고하면 된답니다.

하지만 빚이 얼마나 있는지 정확히 알기가 어려울 수도 있겠지요? 혹은 처음에는 빚이 있는 것을 몰랐다가 나중에 알게 될 수도 있고요. 빚을 파악하기 어려운 경우에는 상속받는 재산 범위 내에서 빚을 갚는 한정승인을 하는 것이 좋을 수 있어요. 예를 들어 고인이 돈을 빌려서 사업을 한 경우라면 누구에게 얼마를 빌렸는지 상속받을 사람은 정확하게 알기 어려울 수 있어요. 이럴 때는 한정승인을 하면 되지요.

고인의 빚을 가족들이 대신해서 갚아준다면 빌려준 사람에게는 좋겠지만, 갚을 여력이 되지 않는다면 법으로 강제로 갚으라고 할 수는 없어요. 우리는 상속을 받을 자유도, 포기할 자유도 있답니다.

## 민법

제1019조(승인, 포기의 기간) ① 상속인은 상속개시있음을 안 날로부터 3월내에 단순승인이나 한정승인 또는 포기를 할 수 있다. 그러나 그 기간은 이해관계인 또는 검사의 청구에 의하여 가정법원이 이를 연장할 수 있다.

제1024조(승인, 포기의 취소금지) ① 상속의 승인이나 포기는 제1019조제1항의 기간내에도 이를 취소하지 못한다.

제1025조(단순승인의 효과) 상속인이 단순승인을 한 때에는 제한없이 피상속인의 권리의무를 승계한다.

제1028조(한정승인의 효과) 상속인은 상속으로 인하여 취득할 재산의 한도에서 피상속인의 채무와 유증을 변제할 것을 조건으로 상속을 승인할 수 있다.

제1041조(포기의 방식) 상속인이 상속을 포기할 때에는 제1019조제1항의 기간내에 가정법원에 포기의 신고를 하여야 한다.

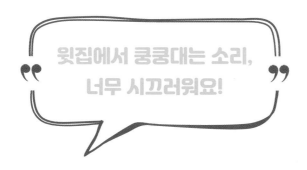

윗집에서 쿵쿵대는 소리,
너무 시끄러워요!

어느 날, 집에 있는데 쿵쿵거리는 소리가 들려요. 하루는 참고 넘어갔는데 윗집에서 뛰는 건지 다음날도 시끄럽게 쿵쿵거려요. 며칠을 참다가 도저히 못 참고 윗집에 올라가서 시끄럽다고 얘기했어요. 그런데 윗집에서는 내 집에서 내가 뛰어다니는데 무슨 상관이냐고 오히려 화를 내요. 우리 집은 내 공간이니까 마음껏 뛰어다녀도 될까요? 내 방이니까 의자에 앉을 때 끄는 소리쯤은 내도 될까요?

옆집이나 윗집 등에서 듣기 싫은 소리가 들려서 불편한 것을 층간소음이라고 해요. 주로 갈등이 생기는 층간소음의 원인은 걷거나 뛰는 소리예요. 특히 어린 아이들이 있는 경우에는 아이들이 뛰어다니는 것을 매번 제지하기 어려울 수도 있어요. 의자를 끄는 소리와 같이 일상생활에서 발생하는 소음인 경우, 습관을 고치지 않는 한 지속해서 소리가 날 수밖에 없겠지요.

층간소음은 스트레스를 주는 행동이다 보니 이웃 간에 말다툼하거나 흉기를 휘두르는 일까지 발생하기도 하지요. 그래서 우리 법에서는 층간소음에 대해서 여러 가지 규정을 정하고 있어요.

층간소음의 종류와 기준에 대해서는 공동주택층간소음규칙 제2조에서 구체적으로 정하고 있어요. 뛰거나 걷는 동작, 텔레비전, 음향기기 등의 사용으로 인하여 발생하는 소음 등을 층간소음으로 보고 있답니다.

인근소란에 해당하면 경범죄로 신고할 수 있어요. 경범죄처벌법 제3조 제21호에 규정된 인근소란은 악기·라디오·텔레비전·전축·종·확성기·전동기 등의 소리를 지나치게 크게 내거나 큰 소리로 떠들거나 노래를 불러 이웃을 시끄럽게 하는 것을 말해요. 인근소란은 10만 원 이하의 벌금, 구류* 또는 과료**의 형으로 처벌하고 있답니다.

공동주택관리법 제20조에서는 층간소음으로 다른 사람들에게 피해를 주지 않도록 주의해야 한다고 규정하고 있지요. 피해를 본 경우에는 관리실에서 조치하도록 하고 있어요. 그런데도 층간소음 피해가 계속된다면 관련 기관(공동주택관리 분쟁조정위원회, 환경분쟁조정위원회)에 도움을 요청할 수 있어요.

우리 집이니까 내 공간에서는 마음대로 해도 된다고 생각한 적이 있다면, 나의 행동으로 인해 불편해질 이웃의 마음을 생각해 주세요.

---

\* 구류는 1일 이상 30일 미만 동안 교도서나 경찰서 유치장에 가두는 형벌을 말해요.

\*\* 과료는 2천 원 이상 5만원 미만으로 벌금보다는 그 금액이 적고 비교적 가벼운 범죄에 대해서 내려지는 처벌을 말해요.

우리 집에서 뛰는 건 내 자유 아닌가?

## 경범죄처벌법

제3조(경범죄의 종류) ① 다음 각 호의 어느 하나에 해당하는 사람은 10만원 이하의 벌금, 구류 또는 과료(科料)의 형으로 처벌한다.

21.(인근소란 등) 악기·라디오·텔레비전·전축·종·확성기·전동기(電動機) 등의 소리를 지나치게 크게 내거나 큰소리로 떠들거나 노래를 불러 이웃을 시끄럽게 한 사람

## 공동주택관리법

제20조(층간소음의 방지 등) ① 공동주택의 입주자등은 공동주택에서 뛰거나 걷는 동작에서 발생하는 소음이나 음향기기를 사용하는 등의 활동에서 발생하는 소음 등 층간소음[벽간소음 등 인접한 세대 간의 소음(대각선에 위치한 세대 간의 소음을 포함한다)을 포함하며, 이하 "층간소음"이라 한다]으로 인하여 다른 입주자등에게 피해를 주지 아니하도록 노력하여야 한다.

### 공동주택 층간소음의 범위와 기준에 관한 규칙(약칭: 공동주택층간소음규칙)

제2조(층간소음의 범위) 공동주택 층간소음의 범위는 입주자 또는 사용자의 활동으로 인하여 발생하는 소음으로서 다른 입주자 또는 사용자에게 피해를 주는 다음 각 호의 소음으로 한다. 다만, 욕실, 화장실 및 다용도실 등에서 급수·배수로 인하여 발생하는 소음은 제외한다.

1. 직접충격 소음: 뛰거나 걷는 동작 등으로 인하여 발생하는 소음
2. 공기전달 소음: 텔레비전, 음향기기 등의 사용으로 인하여 발생하는 소음

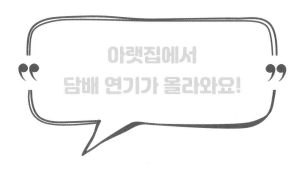

아랫집에서
담배 연기가 올라와요!

무더운 여름날, 동호는 엄마와 아파트 베란다 문을 열고 거실에서 텔레비전을 보고 있었어요. 그런데 오늘도 어김없이 베란다 밖에서 담배 연기가 스멀스멀 들어오기 시작했어요. 동호는 베란다로 가서 밑을 봤는데, 사람은 보이지 않고 담배 연기가 올라오는 것만 보였어요. 동호는 엄마에게 "엄마, 간접흡연이 건강에 좋지 않다고 했지요? 저는 담배를 피우는 사람도 아닌데 흡연하는 거나 다름없잖아요!"라고 불평했어요. 엄마는 끄덕이며 한숨을 쉬었고, 경비실에 전화했어요. 경비실에서는 매번 그렇듯이 아파트 내 금연이라는 안내방송을 해주었지요.

건강을 해치는 간접흡연. 동호는 이렇듯 매번 원치 않는 담배 냄새를 맡아야 하는 걸까요? 집이든, 길거리든 여러분도 동호처럼 간접흡연을 한 경험이 있을 거예요. 그런데 장소가 집이라면 주기적으로 간접흡연을 하는 경우가 많지요.

공동주택관리법 제20조의2에는 간접흡연 방지를 위한 내용이 규정되어 있어요. 하나씩 살펴볼까요?

먼저 공동주택 입주자는 발코니, 화장실 등에서 흡연으로 인해 다른 입주자 등에게 피해를 주지 않도록 노력해야 해요. 간접흡연으로 피해를 보면 입주자 등은 관리 주체에게 간접흡연 발생 사실을 알리고, 관리 주체가 간접흡연 피해를 준 해당 입주자 등에게 일정한 장소에서 흡연을 중단하도록 권고할 것을 요청할 수 있어요. 이 경우, 관리 주체는 사실관계 확인을 위하여 세대 내 확인 등 필요한 조사를 할 수 있어요. 그리고 간접흡연 피해를 준 입주자 등은 관리 주체의 권고에 협조해야 해요. 관리실에서 흡연자에게 다른 사람들이 간접흡연을 하지 않도록 조심하라고 주의를 시킬 수 있고, 흡연자는 이를 따라야 하지요.

국민건강증진법 제9조 제5항은 금연을 위한 조치를 규정하고 있어요. 특별자치시장·특별자치도지사·시장·군수·구청장은 「주택법」 제2조제3호에 따른 공동주택의 거주 세대 중 2분의 1 이상이 그 공동주택의 복도, 계단, 엘리베이터 및 지하주차장의 전부 또는 일부를 금연구역으로 지정하여 줄 것을 신청하면 그 구역을 금연구역으로 지정하고, 금연구역임을 알리는 안내표지를 설치해야 해요. 그리고 국민건강증진법 제9조 제8항에 따라 누구든지 금연구역에서는 흡연하면 안 돼요. 만약 이를 위반하고 금연구역에서 흡연하면 국민건강증진법 제34조에 따라 10만 원 이하의 과태료를 내야 해요.

흡연자는 담배를 피울 권리가 있지만, 자신의 권리를 누리기 위해서 간접흡연으로 인해 다른 사람의 건강을 해치면 안 되겠지요.

## 공동주택관리법

제20조의2(간접흡연의 방지 등) ① 공동주택의 입주자등은 발코니, 화장실 등 세대 내에서의 흡연으로 인하여 다른 입주자등에게 피해를 주지 아니하도록 노력하여야 한다.

② 간접흡연으로 피해를 입은 입주자등은 관리주체에게 간접흡연 발생 사실을 알리고, 관리주체가 간접흡연 피해를 끼친 해당 입주자등에게 일정한 장소에서 흡연을 중단하도록 권고할 것을 요청할 수 있다. 이 경우 관리주체는 사실관계 확인을 위하여 세대 내 확인 등 필요한 조사를 할 수 있다.

③ 간접흡연 피해를 끼친 입주자등은 제2항에 따른 관리주체의 권고에 협조하여야 한다.

## 국민건강증진법

제9조(금연을 위한 조치) ⑤ 특별자치시장 · 특별자치도지사 · 시장 · 군수 · 구청장은 「주택법」 제2조제3호에 따른 공동주택의 거주 세대 중 2분의 1 이상이 그 공동주택의 복도, 계단, 엘리베이터 및 지하주차장의 전부 또는 일부를 금연구역으로 지정하여 줄 것을 신청하면 그 구역을 금연구역으로 지정하고, 금연구역임을 알리는 안내표지를 설치하여야 한다.

⑧ 누구든지 제4항부터 제7항까지의 규정에 따라 지정된 금연구역에서 흡연하여서는 아니 된다.

제34조(과태료) ③ 다음 각 호의 어느 하나에 해당하는 자에게는 10만원 이하의 과태료를 부과한다.

2. 제9조제8항을 위반하여 금연구역에서 흡연을 한 사람

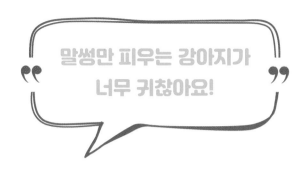

여러분은 강아지나 고양이를 키우고 있나요? 키우고 있다면 함께 산 지 얼마나 되었나요? 반려동물을 키우지 않는 사람들도 귀여운 강아지들을 보면 키우고 싶은 마음이 들 때가 있지요. 동그란 눈을 가진 작고 새하얀 말티즈, 복슬복슬한 털을 가진 푸들, 반짝이는 긴 털이 매력적인 요크셔테리어⋯⋯. 길을 걷다 보면 산책을 나온 귀여운 강아지를 마주칠 때가 많아요.

하지만 강아지가 예쁘고 귀엽다고 해서 아무런 준비 없이 키우면 여러 가지 어려움이 생길 수 있어요. 예를 들어 반려동물이 아프다면 병원에 데려갈 수 있어야 해요. 배변, 소음 등의 문제가 있다면 훈련을 통해 해결하려고 노력해야겠지요. 그런데 반려동물은 생명이기 때문에 인형처럼 늘 귀엽기만 한 것은 아니에요. 하지만 이렇게 문제가 생기면 쉽게 반려동물을 버리는 사람들이 있어요.

반려동물이 버려지는 이유는 다양해요. 가장 대표적인 것이 충동적으로 동물을 키우는 경우예요. 처음에는 귀엽고 예쁜 모습에 반해서 입양

# 유실·유기동물 수 추이

■ 신규등록 반려견
■ 유실·유기동물

15만 —

10만 —

5만 —

0

9.1  8.2

9.2  9.0

10.5  10.3

14.7  12.1

2015    2016    2017    2018년

(단위: 마리)

75.8%
개

23.2%
고양이

안락사 20.2%

출처: 농림축산검역본부

32

하지요. 하지만 병원비 등 양육비가 많아지거나 소음·배변·물림 등 문제 행동이 나타나면서 버리거나 학대하는 일이 많아진다는 거예요.

매년 유기·유실 동물이 늘어나고 있어요. 유기는 내다 버리는 것, 유실은 잃어버린 것을 말해요. 2015년에 8만 2,082마리, 2016년에 8만 9,732마리, 2017년에 10만 2,593마리, 2018년에 12만 1,077마리나 된답니다.

이렇게 유기·유실 동물이 점점 많아지면 어떻게 될까요? 유기·유실 동물의 수가 너무 많다 보니 그 동물들을 전부 돌보기가 어려워서 안락사를 시키고 있어요. 안락사는 살아 있는 생명을 일부러 죽음에 이르게 하는 것을 말해요. 유기·유실 동물의 약 20%가 안락사를 당하고 있어요.

반려동물이 버려지는 것뿐만 아니라 동물 학대도 지속해서 일어나고 있어요. 뉴스를 통해서 보도되는 끔찍한 사건들도 있고, 유튜브와 같은 채널에서 생중계로 방송을 하면서 동물을 학대하고 있다는 신고가 들어오는 때도 있습니다.

여러분도 유튜브에서 동물 영상을 본 적이 있을 거예요. 유튜브에는 동물 영상이 인기가 많아서 많이 올라오고 있어요. 그런데 국내 유튜브 인기 동물 영상 중 상당수가 동물을 학대하는 장면이라는 사실을 알고 있나요?

동물 학대는 물리적으로 괴롭히거나 위협을 하는 것, 고성을 지르는 것 등 다양한 형태로 일어나고 있어요. 심지어 동물을 살아있는 채로 먹거나 죽어있는 동물을 촬영하는 예도 있지요. 유튜브 조회수를 높이기 위해서 자극적인 동물 학대를 하는 것이지요.

이처럼 동물 학대나 유기를 방지하고 동물을 보호하기 위해서 만들어진 법이 있어요. 바로 동물보호법이에요. 이 법에는 동물을 학대하거나 유기하면 어떤 처벌을 받는지 규정되어 있어요. 동물 학대나 유기를 한 사람에게 더 무거운 처벌을 하도록 2020년 2월에 동물보호법이 개정되었어요. 동물을 보호하기 위해서 처벌을 강화한 것이에요. 어떻게 처벌하는지 살펴볼까요?

동물보호법 제46조에 따르면, 동물을 유기하면 300만 원 이하의 벌금을 내야 하고, 동물 학대를 하면 2년 이하의 징역을 살거나 2천만 원 이하의 벌금을 내야 해요. 동물을 죽음에 이르게 하는 학대를 하면 더 무겁게 처벌하는데, 3년 이하의 징역을 살거나 3천만 원 이하의 벌금을 내야 하지요.

반려동물을 키우고 싶다면 동물을 사랑할 줄 알고, 책임감을 느끼고 있어야 합니다. 귀엽다고 해서 반려동물을 쉽게 입양하지 말고, 한 생명을 책임질 수 있는지 신중하게 생각해 보세요. 과거에는 사람이 키우는 강아지나 고양이 등을 '애완동물'이라고 불렀지요. 그런데 최근에는 함께 사는 동물을 존중하고 가치를 높이 부여해서 사람과 더불어 사는 존재라는 의미로 '반려동물'이라고 부르기 시작했어요.

여러분도 동물을 키우게 된다면 '애완동물'이 아닌 '반려동물'로 가족처럼 대해 주세요.

## 동물보호법

제8조(동물 학대 등의 금지) ① 누구든지 동물에 대하여 다음 각 호의 행위를 하여서는 아니 된다.

1. 목을 매다는 등의 잔인한 방법으로 죽음에 이르게 하는 행위

2. 노상 등 공개된 장소에서 죽이거나 같은 종류의 다른 동물이 보는 앞에서 죽음에 이르게 하는 행위

3. 고의로 사료 또는 물을 주지 아니하는 행위로 인하여 동물을 죽음에 이르게 하는 행위

4. 그 밖에 수의학적 처치의 필요, 동물로 인한 사람의 생명·신체·재산의 피해 등 농림축산식품부령으로 정하는 정당한 사유 없이 죽음에 이르게 하는 행위

② 누구든지 동물에 대하여 다음 각 호의 학대행위를 하여서는 아니 된다.

④ 소유자등은 동물을 유기(遺棄)하여서는 아니 된다.


제46조(벌칙) ① 다음 각 호의 어느 하나에 해당하는 자는 3년 이하의 징역 또는 3천만원 이하의 벌금에 처한다.

1. 제8조제1항을 위반하여 동물을 죽음에 이르게 하는 학대행위를 한 자

② 다음 각 호의 어느 하나에 해당하는 자는 2년 이하의 징역 또는 2천만원 이하의 벌금에 처한다.

1. 제8조제2항 또는 제3항을 위반하여 동물을 학대한 자

④ 다음 각 호의 어느 하나에 해당하는 자는 300만원 이하의 벌금에 처한다.

1. 제8조제4항을 위반하여 동물을 유기한 소유자등

하균이는 아파트 놀이터에서 친구와 미끄럼틀을 타고 있었어요. 그런데 한 아저씨가 큰 개를 데리고 놀이터에 왔어요. 개가 커서 조금 겁이 났지만, 개가 목줄을 하고 있어서 안심하고 놀았지요. 그런데 개가 놀이터에서 뛰어다니다가 아저씨가 목줄을 놓쳤어요. 큰 개는 하균이에게 뛰어와서 허벅지를 물었어요. 하균이는 크게 상처를 입었지요.

하균이처럼 개에게 물리는 사건 사고가 매년 일어나고 있어요. 소방청 통계에 따르면, 반려동물 관련 사고로 119구급대가 병원으로 이송한 환자 수는 2015년에는 1,842명, 2016년에는 2,111명, 2017년에 2,404명, 2018년에 2,368명이에요.

이렇게 꽤 많은 사람이 반려동물로 인해 다치고 있어요. 개에 물려서 다친 것은 누구의 책임일까요? 개의 책임일까요? 개는 사람에게 손해배상을 해주는 등의 책임을 질 수가 없지요. 그렇다면 개 주인인 아저씨의 책임일까요? 개의 주인이 다른 사람을 물게 한 것도 아닌데 말이에요. 아니면 미처 피하지 못한 하균이의 책임일까요?

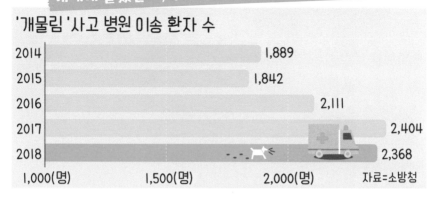

동물보호법 제13조는 주인이 동물에게 목줄을 하는 등 안전조치를 하도록 규정하고 있어요. 주인이 안전조치를 하지 않아서 사람을 다치게 하면 동물보호법 제46조 제2항 제1호의3에 따라 2년 이하의 징역 또는 2천만 원 이하의 벌금을 내야 해요. 그리고 사람을 사망하게 하면 더 무겁게 처벌하는데, 동물보호법 제46조 제1항 제2호에 따라 3년 이하의 징역 또는 3천만 원 이하의 벌금을 내야 해요.

그렇다면 하균이는 치료비를 받을 수 있을까요? 민법 제759조는 동물이 다른 사람에게 손해를 입혔을 때 주인이 손해를 배상할 책임이 있다고 규정하고 있어요. 즉 개 주인은 개가 다른 사람들에게 해를 끼치지 않도록 안전하게 해야 할 의무가 있고, 의무를 위반하면 처벌을 받을 뿐만 아니라 손해를 돈으로 배상해 줘야 해요.

실제로 공원에서 개 주인이 목줄을 놓쳐서 개가 만 4세 아이의 종아리를 물어서 다친 사건이 있었는데, 법원에서는 치료비 등 300만 원과 위자료 250만 원, 합계 550만 원을 주도록 판결했어요.

여러분도 개를 키운다면 외출할 때 꼭 목줄을 착용하고 다른 사람에게 피해를 주지 않도록 주의하세요.

## 꼭 알아두어야 할 법률 상식

### 민법

제759조(동물의 점유자의 책임) ① 동물의 점유자는 그 동물이 타인에게 가한 손해를 배상할 책임이 있다. 그러나 동물의 종류와 성질에 따라 그 보관에 상당한 주의를 해태하지 아니한 때에는 그러하지 아니하다.

### 동물보호법

제13조(등록대상동물의 관리 등) ② 소유자등은 등록대상동물을 동반하고 외출할 때에는 농림축산식품부령으로 정하는 바에 따라 목줄 등 안전조치를 하여야 하며, 배설물(소변의 경우에는 공동주택의 엘리베이터·계단 등 건물 내부의 공용공간 및 평상·의자 등 사람이 눕거나 앉을 수 있는 기구 위의 것으로 한정한다)이 생겼을 때에는 즉시 수거하여야 한다.

제46조(벌칙) ① 다음 각 호의 어느 하나에 해당하는 자는 3년 이하의 징역 또는 3천만원 이하의 벌금에 처한다.
2. 제13조제2항 또는 제13조의2제1항을 위반하여 사람을 사망에 이르게 한 자
② 다음 각 호의 어느 하나에 해당하는 자는 2년 이하의 징역 또는 2천만원 이하의 벌금에 처한다.
1의3. 제13조제2항에 따른 목줄 등 안전조치 의무를 위반하여 사람의 신체를 상해에 이르게 한 자

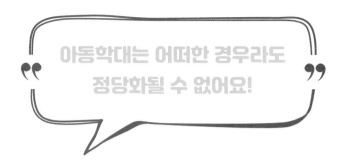

여러분은 초콜릿을 많이 먹을 때, 밥 먹기를 거부할 때, 공부한다고 거짓말하고 놀 때, 웹툰을 보고 있을 때 엄마에게 등짝 스매싱을 맞아본 적이 있나요?

최근 엄마에게 등짝 스매싱을 맞은 아동이 경찰에 아동학대라고 신고한 예가 있었어요. 엄마의 등짝 스매싱은 정말 아동학대일까요? 엄마의 등짝 스매싱이 아동학대인지 훈육인지에 대해서는 논란이 되기도 했어요.

학대하는 것인지 아닌지 헷갈린다면 엄마의 등짝 스매싱이 여러분의 건강을 해쳤는지, 성장하는 데 방해를 줄 만큼이었는지 생각해 보세요. 사실 엄마가 "지각하겠어! 빨리 좀 씻고 학교 가야지!"라며 가볍게 등을 찰싹 때린 것만으로는 학대라고 보기는 어려울 거예요. 하지만 화를 이기지 못하고 마구 때린다면 학대가 되겠지요.

그렇다면 부모가 사랑의 매를 드는 것은 학대일까요? 부모가 사랑의 매를 드는 것이 학대인지 아닌지 주장이 엇갈렸어요. 우리 법에서도 징

맞을 짓을 했으니 맞아도 된다고요?

아동학대 현황
연도별 신고접수 및 사례판단 건수

**36,417** 신고접수

**32,345** 아동학대 의심사례

**24,604** 사례판단

출처: 보건복지부, 2018 아동학대 주요통계

계권이라는 규정이 있어서 더욱 논란이 되었어요. 현재는 징계권 규정이 삭제되었어요. 자세히 살펴볼까요?

우리 민법 제915조에는 부모의 자녀 징계권이 규정되어 있었어요. 이 법에 따르면 부모의 '체벌'이 가능한 것으로 해석될 수 있었어요. 그래서 부모가 화가 나서 분풀이로 자식을 때려놓고, 자식 교육을 위해서 사랑의 매를 든 것이라고 주장하는 예도 많았지요.

아동학대가 지속해서 심각한 사회적 문제로 나타나면서 결국 징계권이 규정되어 있던 민법 제915조 '친권자는 그 자를 보호 또는 교양하기 위하여 필요한 징계를 할 수 있다.'라는 조항이 2021년 1월 26일부터 삭제가 되었어요. 이제 부모의 자녀 징계권이 법에서도 없어진 만큼, 부모가 아이들을 대할 때 분풀이로, 혹은 잘못된 교육 방법으로 학대를 하지 않도록 더욱 조심해야겠지요.

사실 다양한 상황에서 아동학대에 해당하는지는 일반 사람들이 판단하기가 쉽지 않아요. 아동학대란 정확히 무엇일까요?

아동학대가 무엇인지는 아동복지법 제3조 제7호에 규정되어 있어요. 아동복지법에서 말하는 '아동'은 18세 미만인 사람을 말해요. 아동학대란 보호자를 포함한 성인이 18세 미만인 아동의 건강 또는 복지를 해치거나 정상적 발달을 저해할 수 있는 '신체적·정신적·성적 폭력'이나 가혹 행위를 하는 것을 말해요. 그리고 아동의 보호자가 아동을 '유기하거나 방임'하는 것도 아동학대라고 해요.

쉽게 말해서 신체학대는 때리거나 발로 차는 것, 아동에게 물건을 던지는 것, 아동의 몸을 흔드는 것 등을 말해요. 정서학대는 아동에게 욕을 하거나 다른 사람과 차별하고 편애하는 것, 잠을 재우지 않는 것 등을 말해요. 성적학대는 야한 사진을 보여주거나 아동의 몸을 성적인 의도로 만지는 것 등을 말해요. 유기·방임은 아동을 더러운 곳에서 생활하게 하거나, 밥을 주지 않는 것, 학교를 보내지 않는 것 등을 말해요.

지금까지 아동학대가 무엇인지 알아보았어요. 아동학대는 매년 급격하게 늘어나고 있어요. 아동학대 현황을 살펴보면, 2010년에 9,199건이 신고되었고, 이 중 5,657건이 아동학대로 판단되었어요. 2014년에는 신고 17,782건 중 10,027건이 아동학대로, 2018년에는 신고 36,417건 중 24,604건이 아동학대로 판단되었어요.

아동학대의 실제 사례 중 영화로 만들어진 사건도 있어요. '11세 소녀 가스 배관 탈출 사건'을 들어본 적이 있나요?

이 사건은 만 11세 소녀가 친아버지와 동거녀에게 심한 학대를 당한 사건이에요. 이들은 아이를 마구 때리고 학교에도 보내지 않았어요. 그리고 아이에게 음식을 주지 않아서 뼈밖에 없을 정도로 말라 있었지요. 결국 이 아이는 빌라에서 가스 배관을 타고 몰래 탈출하는 데 성공했어요. 아이는 인근 상점으로 들어가서 과자를 쇼핑 바구니에 가득 담고 계산을 하지 않은 채 밖으로 나오다가 슈퍼마켓 주인이 이를 발견했어요. 주인은 아이가 음식에 과도하게 집착하는 모습과 깡마른 모습을 보고 수상하다 여겼지요. 주인은 아이에게 따뜻한 음료수와 음식을 주었고 경찰에 신고하면서 이 충격적인 사건이 세상에 알려졌지요. 이 가슴 아픈 아동학대 사건은 '미쓰백'이라는 영화로 만들어졌어요. 이 영화를 통해서 더 많은 사람이 아동학대의 심각성을 알게 되었지요.

그렇다면 위 사건에서 아동학대를 저지른 친아버지와 동거녀는 처벌을 받았을까요? 친아버지와 동거녀는 각각 징역 10년의 처벌을 받았어요.

아동학대를 저지르면 어떻게 되는지 처벌규정을 살펴볼까요? 아동학대를 저지른 사람은 아동복지법 제71조에 따라 최대 10년까지 징역을 받아요. 상습적으로 아동학대를 저지르거나 아동이 사망하는 경우에는 더 강하게 처벌받는데, 아동학대처벌법 제4조에서 제7조까지의 규정에 따라 최대 무기징역까지도 받아요.

만약 자신이 아동학대를 당하거나, 친구가 학대를 받는다는 사실을 알면 어떻게 해야 할까요? 아동학대가 의심된다면 선생님께 알리거나 112에 신고를 해야 해요.

세상에 맞을 만한 아이는 없답니다. 아무리 말을 안 듣는 아이라도 학대를 저지르는 것은 범죄예요. 아이가 잘못해서 학대를 당하는 게 아니라, 학대를 저지르는 어른이 잘못된 것이에요.

꼭 알아두어야 할 법률 상식

## 아동복지법

제3조(정의) 이 법에서 사용하는 용어의 뜻은 다음과 같다.

7. "아동학대"란 보호자를 포함한 성인이 아동의 건강 또는 복지를 해치거나 정상적 발달을 저해할 수 있는 신체적·정신적·성적 폭력이나 가혹행위를 하는 것과 아동의 보호자가 아동을 유기하거나 방임하는 것을 말한다.

제17조(금지행위) 누구든지 다음 각 호의 어느 하나에 해당하는 행위를 하여서는 아니 된다.

1. 아동을 매매하는 행위

2. 아동에게 음란한 행위를 시키거나 이를 매개하는 행위 또는 아동에게 성적 수치심을 주는 성희롱 등의 성적 학대행위

3. 아동의 신체에 손상을 주거나 신체의 건강 및 발달을 해치는 신체적 학대행위

4. 삭제

5. 아동의 정신건강 및 발달에 해를 끼치는 정서적 학대행위

6. 자신의 보호·감독을 받는 아동을 유기하거나 의식주를 포함한 기본적 보호·양육·치료 및 교육을 소홀히 하는 방임행위

7. 장애를 가진 아동을 공중에 관람시키는 행위

8. 아동에게 구걸을 시키거나 아동을 이용하여 구걸하는 행위

9. 공중의 오락 또는 흥행을 목적으로 아동의 건강 또는 안전에 유해한 곡예를 시키는 행위 또는 이를 위하여 아동을 제삼자에게 인도하는 행위

10. 정당한 권한을 가진 알선기관 외의 자가 아동의 양육을 알선하고 금품을 취득하거나 금품을 요구 또는 약속하는 행위

11. 아동을 위하여 증여 또는 급여된 금품을 그 목적 외의 용도로 사용하는 행위

제71조(벌칙) ① 제17조를 위반한 자는 다음 각 호의 구분에 따라 처벌한다.

1. 제1호(「아동·청소년의 성보호에 관한 법률」 제12조에 따른 매매는 제외한다)에 해당하는 행위를 한 자는 10년 이하의 징역에 처한다.

1의2. 제2호에 해당하는 행위를 한 자는 10년 이하의 징역 또는 1억원 이하의 벌금에 처한다.

2. 제3호부터 제8호까지의 규정에 해당하는 행위를 한 자는 5년 이하의 징역 또는 5천만원

이하의 벌금에 처한다.

3. 제10호 또는 제11호에 해당하는 행위를 한 자는 3년 이하의 징역 또는 3천만원 이하의 벌금에 처한다.

4. 제9호에 해당하는 행위를 한 자는 1년 이하의 징역 또는 1천만원 이하의 벌금에 처한다.

## 아동학대범죄의 처벌 등에 관한 특례법(약칭: 아동학대처벌법)

제4조(아동학대치사) 제2조제4호가목부터 다목까지의 아동학대범죄를 범한 사람이 아동을 사망에 이르게 한 때에는 무기 또는 5년 이상의 징역에 처한다.

제5조(아동학대중상해) 제2조제4호가목부터 다목까지의 아동학대범죄를 범한 사람이 아동의 생명에 대한 위험을 발생하게 하거나 불구 또는 난치의 질병에 이르게 한 때에는 3년 이상의 징역에 처한다.

제6조(상습범) 상습적으로 제2조제4호가목부터 파목까지의 아동학대범죄를 범한 자는 그 죄에 정한 형의 2분의 1까지 가중한다. 다만, 다른 법률에 따라 상습범으로 가중처벌되는 경우에는 그러하지 아니하다.

제7조(아동복지시설의 종사자 등에 대한 가중처벌) 제10조제2항 각 호에 따른 아동학대 신고의무자가 보호하는 아동에 대하여 아동학대범죄를 범한 때에는 그 죄에 정한 형의 2분의 1까지 가중한다.

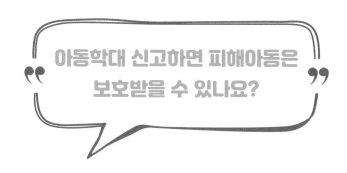

"따르릉따르릉."

경찰서에 아이가 비명을 지르는 소리가 들려서 아동학대가 의심된다는 신고가 접수되었어요. 경찰은 즉시 출동해서 현장에 가보았지요. 그런데 알고 보니 아이들끼리 장난치며 놀고 있었고, 경찰은 부모에게 주의를 시키고 돌아갔어요. 그런데 만약 아이가 정말 아동학대를 당하고 있었고, 경찰이 출동하자 부모가 이를 숨기기 위해서 연극을 한 것이라면 어떻게 될까요?

실제로 아동학대 의심 신고가 여러 차례 들어온 후 결국은 사망한 아동들이 뉴스에 보도되고 있어요. 2020년 뉴스에 연일 보도된 사건인데, 생후 16개월 된 여자아이를 입양하고 양부모가 학대해서 아이는 결국 숨지고 말았어요. 양부모는 아이의 목덜미를 잡고 들고 다니거나, 뜨거운 이유식을 짧은 시간 내로 먹였어요. 그리고 어린아이를 차량에 내버려 두거나 폭행하는 등 8개월 동안 다양한 방법으로 아이를 학대했어요. 심지어 학대하면서 동영상으로 수백 차례 촬영하기까지 했어요.

아동학대 신고가 접수되면 여러 가지 응급조치가 취해져요

이 사건에서 처음 아동학대 신고를 한 사람은 어린이집 교사였어요. 아이의 학대 흔적을 발견하고 신고한 것이지요. 두 번째 신고는 아이가 수십여 분 차량에 방치된 것을 본 이웃이 했어요. 세 번째는 어린이집에서 아이 상태가 좋지 않아서 병원에 데려갔는데, 의사가 학대가 의심되어 신고한 것이지요.

세 번의 신고 모두 경찰과 관련 기관에서는 아동학대 혐의가 없다고 보고 아이를 집으로 돌려보냈어요. 다른 병원에서 단순 구내염이라고 진단을 받는 등 아동학대라고 볼 수 있는 확실한 증거를 찾지 못했기 때문이에요.

결국 아이는 숨지게 되어 뉴스에 알려지게 됐고, 국민의 분노를 샀어요. 이렇게 여러 차례 아동학대 의심 신고가 들어와도 바로 아이를 분리할 수 있는 법적 근거가 없었기 때문에 아이를 집으로 돌려보내는 경우가 많았지요. 그래서 이런 점을 보완하고 아이들이 보호받을 수 있도록 2020년에 아동복지법을 개정하고 즉각 분리제도를 도입했어요. 이제는 아동복지법 제15조 제6항 제1호에 따라 아동학대가 1년 이내에 두 번 신고되면 즉시 아동을 분리할 수 있게 되었어요.

그럼 아동학대를 경찰(112)에 신고하면 피해아동이 어떤 도움을 받을 수 있는지 살펴볼까요? 신고가 들어오면 경찰 또는 아동학대전담공무원이 즉시 현장으로 출동해서 조사를 진행해요. 경찰 또는 아동학대전담공무원은 아동학대처벌법 제12조에 따라 여러 가지 '응급조치'를 할 수 있어요. 응급조치는 경찰이 현장에 도착해서 실질적인 보호를 위해서 필요한 경우에 우선 조치할 수 있는 것을 말해요.

응급조치 중 하나는 피해를 본 아동을, 학대를 저지른 사람으로부터 떼어놓는 것이에요. 또한 피해아동이 다친 경우, 병원으로 데려가서 치료를 받을 수 있도록 도와줘요. 다른 응급조치로는 아동을 보호시설로 보내주는 것이 있어요. 하지만 아동보호시설에 들어간다고 해서 무제한으로 살 수 있는 것은 아니에요. 아동복지법 제16조 제1항에 따르면 18세가 되면 보호시설에 머무를 수 없어요. 아동복지법 시행령 제22조에 따라 기간을 연장할 수 있는 예외가 있는데, 대학 이하의 학교에 다니고 있거나 직업 훈련을 받는 경우 등은 연장할 수 있어요. 그리고 취업이나 그 밖의 이유로 아동이 보호기간 연장을 요청하면 1년 이내의 범위에서 보호기간을 연장할 수도 있어요.

그리고 법원에서는 아동학대처벌법 제47조에 따라 '피해아동보호명령'을 할 수 있어요. 피해아동보호명령은 판사가 직권으로 하거나, 피해아동 등(그 법정대리인, 변호사, 아동보호전문기관의 장)의 요청이 있는 경우에 피해아동을 보호하는 결정을 하는 것을 말해요. 피해아동보호명령에는 여러 가지가 있는데, 아동학대행위자를 피해아동의 주거지 또는 방으로부터의 퇴거 등 격리, 아동학대행위자가 피해아동 또는 가정구성원에게 접근하는 행위의 제한, 아동학대행위자가 피해아동 또는 가정구성원에게 전기통신을 이용하여 접근하는 행위의 제한, 피해아동을 아동복지시설 또는 장애인복지시설로의 보호위탁, 피해아동을 의료기관으로의 치료위탁, 피해아동을 아동보호전문기관, 상담소 등으로의 상담·치료위탁, 피해아동을 연고자 등에게 가정위탁, 친권자인 아동학대행위자의 피해아동에 대한 친권 행사의 제한 또는 정지, 후견인인 아동학대행위자의 피해아동에 대한 후견인 권한의 제한 또는 정지, 친권자 또는 후견인의 의사표시를 갈음하는 결정이 있어요.

이 외에도 아동보호전문기관에서는 사후관리를 통해 피해아동이나 부모에게 심리치료, 상담 및 교육, 학습지원, 의료지원 등 관련 기관에서 도움을 받을 수 있도록 연계해 주고 지원을 하고 있답니다.

아동학대를 예방하고 아동의 권리를 보호하기 위해서 아동복지법, 아동학대처벌법이 만들어졌고, 여러분을 보호해 주고 있다는 점을 기억하세요!

## 아동복지법

제15조(보호조치) ⑥ 시·도지사 또는 시장·군수·구청장은 다음 각 호의 어느 하나에 해당하는 경우 제1항제3호부터 제6호까지의 보호조치를 할 때까지 필요하면 제52조제1항제2호에 따른 아동일시보호시설 또는 제53조의2에 따른 학대피해아동쉼터에 보호대상아동을 입소시켜 보호하거나, 적합한 위탁가정 또는 적당하다고 인정하는 자에게 일시 위탁하여 보호(이하 "일시보호조치"라 한다)하게 할 수 있다. 이 경우 보호기간 동안 보호대상아동에 대한 상담, 건강검진, 심리검사 및 가정환경에 대한 조사를 실시하고 그 결과를 보호조치 시에 고려하여야 한다.

1. 1년 이내에 2회 이상 아동학대 신고가 접수된 아동에 대하여 현장조사 과정에서 학대피해가 강하게 의심되고 재학대가 발생할 우려가 있는 경우

제16조(보호대상아동의 퇴소조치 등) ① 제15조제1항제3호부터 제5호까지의 보호조치 중인 보호대상아동의 연령이 18세에 달하였거나, 보호 목적이 달성되었다고 인정되면 해당 시·도지사, 시장·군수·구청장은 대통령령으로 정하는 절차와 방법에 따라 그 보호 중인 아동의 보호조치를 종료하거나 해당 시설에서 퇴소시켜야 한다.

## 아동복지법 시행령

제22조(보호기간의 연장) 법 제16조제4항제3호에서 "대통령령으로 정하는 경우"란 다음 각 호의 어느 하나에 해당하는 경우를 말한다.

1. 20세 미만인 사람으로서 「학원의 설립·운영 및 과외교습에 관한 법률」에 따라 등록된 학원에서 교육을 받고 있는 경우
2. 시·도지사 또는 시장·군수·구청장이 보호대상아동의 장애·질병 등을 이유로 보호기간 연장을 요청하는 경우
3. 25세 미만이고 지능지수가 71 이상 84 이하인 사람으로서 자립 능력이 부족한 경우
4. 취업이나 취업 준비 등 그 밖의 사유를 이유로 보호대상아동이 보호기간 연장을 요청하여 1년 이내의 범위에서 보호기간을 연장하는 경우

## 아동학대범죄의 처벌 등에 관한 특례법(약칭: 아동학대처벌법)

제11조(현장출동) ① 아동학대범죄 신고를 접수한 사법경찰관리나 「아동복지법」 제22조 제4항에 따른 아동학대전담공무원(이하 "아동학대전담공무원"이라 한다)은 지체 없이 아동학대범죄의 현장에 출동하여야 한다.

제12조(피해아동 등에 대한 응급조치) ① 제11조제1항에 따라 현장에 출동하거나 아동학대 범죄 현장을 발견한 경우 또는 학대현장 이외의 장소에서 학대피해가 확인되고 재학대의 위험이 급박·현저한 경우, 사법경찰관리 또는 아동학대전담공무원은 피해아동, 피해아동의 형제자매인 아동 및 피해아동과 동거하는 아동(이하 "피해아동등"이라 한다)의 보호를 위하여 즉시 다음 각 호의 조치(이하 "응급조치"라 한다)를 하여야 한다. 이 경우 제3호의 조치를 하는 때에는 피해아동등의 이익을 최우선으로 고려하여야 하며, 피해아동등을 보호하여야 할 필요가 있는 등 특별한 사정이 있는 경우를 제외하고는 피해아동등의 의사를 존중하여야 한다.

1. 아동학대범죄 행위의 제지
2. 아동학대행위자를 피해아동등으로부터 격리
3. 피해아동등을 아동학대 관련 보호시설로 인도
4. 긴급치료가 필요한 피해아동을 의료기관으로 인도

제47조(가정법원의 피해아동에 대한 보호명령) ① 판사는 직권 또는 피해아동, 그 법정대리인, 변호사, 시·도지사 또는 시장·군수·구청장의 청구에 따라 결정으로 피해아동의 보호를 위하여 다음 각 호의 피해아동보호명령을 할 수 있다.

1. 아동학대행위자를 피해아동의 주거지 또는 점유하는 방실(房室)로부터의 퇴거 등 격리
2. 아동학대행위자가 피해아동 또는 가정구성원에게 접근하는 행위의 제한
3. 아동학대행위자가 피해아동 또는 가정구성원에게 「전기통신기본법」 제2조제1호의 전기 통신을 이용하여 접근하는 행위의 제한
4. 피해아동을 아동복지시설 또는 장애인복지시설로의 보호위탁
5. 피해아동을 의료기관으로의 치료위탁
5의2. 피해아동을 아동보호전문기관, 상담소 등으로의 상담·치료위탁
6. 피해아동을 연고자 등에게 가정위탁
7. 친권자인 아동학대행위자의 피해아동에 대한 친권 행사의 제한 또는 정지
8. 후견인인 아동학대행위자의 피해아동에 대한 후견인 권한의 제한 또는 정지
9. 친권자 또는 후견인의 의사표시를 갈음하는 결정

심심한 날 무엇을 할까 고민하다가 재미 삼아 장난 전화를 해볼까 생각해 본 적이 있나요? 장난 전화를 해볼까 하는 생각에 그치지 않고 실제 거짓으로 신고하는 사람들이 있어요. 경찰서에 전화해서 특정 장소에 폭발물이 설치되었다고 거짓말을 하는 경우도 종종 뉴스에 나곤 하지요. 이 외에도 교통사고로 사람이 다쳤다고 거짓말을 하거나 위험한 상황이니 살려달라고 거짓말을 하는 등 다양한 방법으로 거짓 신고를 하는 경우가 있어요.

장난 전화가 잘못된 행동이라는 것은 누구나 알고 있지요. 거짓 신고는 도덕적으로 잘못된 행동일 뿐만 아니라 범죄에 해당한다는 사실을 알고 있나요?

있지 않은 범죄나 재해를 거짓으로 신고하면 경범죄처벌법 제3조 제3항에 따라 60만 원 이하의 벌금, 구류 또는 과료의 형으로 처벌한답니다. 거짓 신고로 인해서 공무원의 직무집행을 방해하면 더 무거운 처벌을 받는데, 형법 제137조에 따라 5년 이하의 징역 또는 1천만 원 이하

51

의 벌금을 내야 해요.

실제로 한 고등학생이 전주 한옥마을에 폭발물을 설치했다고 거짓으로 신고한 사건이 있었어요. 경찰과 군인 70여 명이 현장에 투입되어 폭발물을 찾으러 다녔지요. 3시간 넘게 수색을 했으나, 결국 폭발물은 발견하지 못했어요.

그 학생은 7시간 후에 다시 거짓으로 신고를 했고, 경찰이 출동해서 현장에서 잡을 수 있었어요. 이 외에도 여러 차례 거짓 신고를 하였고, 잡힌 후에도 반성하지 않았지요. 결국 이 학생은 무거운 처벌을 받았고 교도소에 가게 되었어요.

거짓 신고는 경찰의 시간을 빼앗고, 이로 인해 같은 시각에 실제로 도움이 필요한 사람들이 바로 도움을 받지 못할 수도 있어요.

그렇다면 공공기관에 장난 전화를 하는 경우에만 처벌을 받는 것일까요? 공공기관이 아닌 다른 사람에게 장난 전화를 하는 행동은 경범죄에 해당해요. 다른 사람에게 전화·문자메시지·편지·전자우편·전자문서 등을 여러 차례 되풀이해서 괴롭힌 사람은 경범죄처벌법 제3조 제1항에 따라 10만 원 이하의 벌금, 구류 또는 과료의 형으로 처벌하고 있어요.

누구에게 하든 장난 전화는 어떤 이유로도 가벼운 '장난'이 아니랍니다. 다른 사람들에게 피해를 주는 행동이라는 것과 범죄라는 사실을 기억하세요.

꼭 알아두어야 할 법률 상식

### 경범죄처벌법

제3조(경범죄의 종류) ① 다음 각 호의 어느 하나에 해당하는 사람은 10만원 이하의 벌금, 구류 또는 과료(科料)의 형으로 처벌한다.

40.(장난전화 등) 정당한 이유 없이 다른 사람에게 전화·문자메시지·편지·전자우편·전자문서 등을 여러 차례 되풀이하여 괴롭힌 사람

③ 다음 각 호의 어느 하나에 해당하는 사람은 60만원 이하의 벌금, 구류 또는 과료의 형으로 처벌한다.

2.(거짓 신고) 있지 아니한 범죄나 재해 사실을 공무원에게 거짓으로 신고한 사람

### 형법

제137조(위계에 의한 공무집행방해) 위계로써 공무원의 직무집행을 방해한 자는 5년 이하의 징역 또는 1천만원 이하의 벌금에 처한다.

# 학교에서 일어날 수 있는 법률문제는?

급식 / 학교폭력 / 교원지위 /
의무교육 / 학원 등에 관한 법

바바리맨의
행동을 법으로
처벌할 수
있을까요?

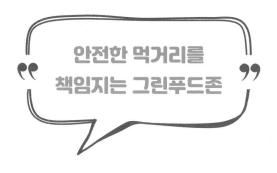

안전한 먹거리를
책임지는 그린푸드존

최근에 중국에서 배추를 대량으로 절이는 사진이 온라인을 뜨겁게 달궜어요. 운동장만큼 커다란 구덩이 안에 배추와 소금물을 넣어 놓고 배추를 절였는데, 덮개가 없어서 비와 흙, 이물질이 그대로 들어간 거예요. 게다가 그 배추들을 뒤집기 위해 쓰는 것으로 보이는 커다란 굴삭기는 녹이 슬고 위생상태가 매우 좋지 않아 보였어요. 거기에다가 배추절임 구덩이에 한 남성이 옷을 벗은 채로 들어가서 일하는 모습도 함께 찍혔지요. 이 사진 속 절인 배추가 여러분이 먹고 있는 김치에 사용됐다면 어떨까요?

중국에서는 이렇게 비위생적인 업체들을 적발하고 바로잡으려 하고 있어요. 하지만 적발되지 않은 비양심적인 업체들도 있어요.

우리나라에서도 음식을 만드는 데 있어 위생적인 환경이 되도록, 건강에 좋지 않은 음식은 판매되지 않도록 여러 가지 노력을 하고 있어요. 특히 성장기인 어린이들의 건강에 더욱 신경을 쓰고 있지요. 한번 살펴볼까요?

학교 주변에서 '어린이 식품안전보호구역'이라고 쓰인 표지판을 본 적 있지요? 어린이 식생활안전관리 특별법 제5조에 따라 어린이의 건강을 보호하고 안전한 식품을 먹을 수 있도록 학교 주변을 '어린이 식품안전보호구역'으로 지정하고 있어요. 아이들이 식중독에 걸리지 않도록 예방할 뿐만 아니라 비만이 되지 않도록, 영양이 불균형해지지 않도록 하기 위함이에요.

어린이 식품안전보호구역을 그린푸드존이라고도 해요. 이 구역에는 어린이 식생활안전관리 특별법 시행령 제4조에 따라 표지판이 설치되어 있어요. 어린이나 일반 시민이 쉽게 알 수 있도록 표시하는 것이지요.

그린푸드존은 학교 주변 어디까지를 말하는 걸까요? 어린이 식생활안전관리 특별법 제5조에서 그린푸드존은 학교와 학교의 경계선으로부터 직선거리 200미터 범위까지로 정하고 있어요.

어린이 식생활안전관리 특별법 제6조에 따라 어린이 식품안전보호구역으로 지정되면 '어린이 기호식품'을 조리 또는 진열하고 판매하는 곳은 어린이 기호식품 전담 관리원의 관리를 받아요. 위생적이고 안전하게 식품을 조리하도록, 안전하게 진열하고 판매할 수 있도록 관리하는 것이지요.

'어린이 기호식품'은 어린이식생활법 제2조 제2호에 규정되어 있어요. 주로 어린이들이 선호하거나 자주 먹는 음식을 말해요. 예를 들어 과자, 사탕, 아이스크림, 빵, 초콜릿, 소시지, 떡볶이, 햄버거 등이 있지요.

어린이 기호식품을 파는 문방구나 슈퍼, 학교 매점 등은 철저하게 관리를 받는답니다. 우수한 곳은 어린이식생활법 제7조에 따라 어린이 기호식품 우수판매업소로 지정되고 비용도 지원받을 수 있어요. 만약 우수판매업소로 지정받지 않았는데도 우수판매업소 로고 등을 표시하면 어린이식생활법 제29조에 따라 1천만 원 이하의 과태료를 내야 해요.

그렇다면 커피처럼 카페인이 든 음료는 건강에 괜찮을까요? 미국에서는 한 청소년이 카페인을 너무 많이 섭취해서 사망하는 일까지 발생했어요. 카페인을 마셨다고 사망하는 일이 빈번한 것은 아니지만, 많이 섭취하면 불안, 흥분, 불면증 등 여러 가지 부작용을 겪을 수 있지요.

우리나라에서도 청소년이 카페인을 많이 마시는 것은 건강에 유해하다고 판단했어요. 따라서 2018년부터 어린이 식생활안전관리 특별법 제6조에 따라 학교에서는 고카페인을 판매할 수 없어요. 초·중·고 모든 학교 안에서 커피를 포함해 성장에 부정적 영향을 줄 수 있는 고카페인이 함유된 식품의 판매를 금지하기로 한 것이지요. 이를 위반하고 학교에서 고카페인을 판매하면 어린이 식생활안전관리 특별법 제29조에 따라 30만 원 이하의 과태료를 부과해요.

그린푸드존이 여러분의 안전한 먹거리를 책임지는 만큼, 여러분이 건강한 음식을 먹고 건강하게 성장할 수 있는 것이랍니다.

꼭 알아두어야 할 법률 상식

**어린이 식생활안전관리 특별법(약칭: 어린이식생활법)**

제2조(정의) 이 법에서 사용하는 용어의 정의는 다음과 같다.
2. "어린이 기호식품"이란 「식품위생법」 또는 「축산물 위생관리법」에 따른 식품 중 주로 어린이들이 선호하거나 자주 먹는 음식물로서 대통령령으로 정하는 식품을 말한다.

제5조(어린이 식품안전보호구역 지정) ① 시장·군수 또는 구청장(자치구의 구청장을 말한다. 이하 같다)은 안전하고 위생적인 식품판매 환경의 조성으로 어린이를 보호하기 위하여 학교와 해당 학교의 경계선으로부터 직선거리 200미터의 범위 안의 구역을 어린이 식품안전보호구역(이하 "어린이 식품안전보호구역"이라 한다)으로 지정·관리할 수 있다.

제6조(어린이 기호식품 조리 · 판매업소 관리) ① 시장 · 군수 또는 구청장은 어린이 식품안전보호구역에서 어린이 기호식품을 조리 또는 진열 · 판매하는 업소 중 대통령령으로 정하는 업소를 어린이 기호식품 조리 · 판매소(이하 "조리 · 판매업소"라 한다)로 관리하여야 한다. ② 시장 · 군수 또는 구청장은 조리 · 판매업소에 대하여 위생적이고 안전한 식품을 조리 또는 진열 · 판매하도록 계도하기 위하여 「식품위생법」 제33조제1항에 따른 소비자식품위생 감시원의 자격을 갖춘 자를 어린이 기호식품 전담 관리원(이하 "전담 관리원"이라 한다)으로 지정할 수 있다.

제7조(우수판매업소 지정 등) ① 시장 · 군수 또는 구청장은 어린이 식품안전보호구역에서 보건복지부장관과 협의하여 총리령으로 정하는 안전하고 위생적인 시설기준을 갖추고 고열량 · 저영양 식품과 고카페인 함유 식품을 판매하지 아니하는 업소를 어린이 기호식품 우수판매업소(이하 "우수판매업소"라 한다)로 지정하여 보건복지부장관과 협의하여 총리령으로 정한 로고 등을 표시하거나 광고에 사용하게 할 수 있다.

제8조(고열량 · 저영양 식품 등의 판매 금지 등) ② 식품의약품안전처장은 다음 각 호의 어느 하나에 해당하는 장소에서는 고열량 · 저영양 식품과 고카페인 함유 식품의 판매를 대통령령으로 정하는 바에 따라 제한하거나 금지할 수 있다. 다만, 제1호(학교)에 해당하는 장소에서는 커피 등 고카페인 함유 식품의 판매를 금지하여야 한다.

제29조(과태료) ① 다음 각 호의 어느 하나에 해당하는 자에게는 1천만원 이하의 과태료를 부과한다.
1. 제7조제1항에 따라 우수판매업소로 지정받지 아니하고 우수판매업소의 로고 등을 표시하거나 광고에 사용한 자
④ 제8조제2항에 따른 고열량 · 저영양 식품 또는 고카페인 함유 식품 판매의 제한 또는 금지 사항을 위반한 자에게는 30만원 이하의 과태료를 부과한다.

### 어린이 식생활안전관리 특별법 시행령(약칭: 어린이식생활법 시행령)

제4조(어린이 식품안전보호구역 표지판 등 설치·관리) 시장 · 군수 또는 구청장은 어린이 식품안전보호구역을 지정한 경우 총리령으로 정하는 바에 따라 표지판 등을 설치하고 관리하여야 한다.

우리 학교 급식은
안전한가요?

인터넷에 떠도는 호화 급식 사진을 본 적 있나요? 마치 식당에서 비싼 돈을 주고 시킨 것과 같은 파스타, 냉면, 탄탄면, 심지어 랍스터까지…. 급식이 잘 나오는 학교의 학생들은 서로 자랑을 하듯 호화 급식 사진을 올리지요. 이와 반대로 매우 부실하게 나오는 이른바 거지 급식 사진을 올리기도 해요.

호화 급식이든, 거지 급식이든 여러분이 먹고 있는 급식은 여러 법에 따라 위생을 관리하며 운영되고 있다는 점을 알고 있나요?

1962년에 제정된 식품위생법은 모든 국민의 건강을 위해 모든 식품과 집단급식소를 관리하는 법이에요. 학교 급식도 집단급식소이기 때문에 이 법의 적용을 받아요. 그리고 1981년에 제정된 학교급식법은 학교 급식의 질을 향상하고 학생의 건전한 심신의 발달과 식생활 개선을 위해서 만들어졌어요.

학교 급식의 위생관리를 제대로 하지 않으면 어떻게 될까요? 식품위생법 제88조 제2항 제1호에 따라 집단급식소를 설치·운영하는 사람은 학교 급식은 법에 따라 관리·운영하고 있어요!

급식

식중독 환자가 발생하지 않도록 위생관리를 철저히 할 의무가 있어요. 만일 집단급식소 위생관리 관련 준수사항 등을 위반하여 식중독이 발생한다면 과태료를 내야 해요. 기존에는 식품위생법 제101조 제2항 제10호에 따라 500만 원 이하의 과태료를 부과했지만, 2021년 6월 30일부터는 개정된 법을 적용해서 식품위생법 제101조 제1항 제3호에 따라 1천만 원 이하의 과태료를 내도록 처벌을 강화했어요.

그리고 식품위생법 제80조에 따라 조리사는 식중독 발생에 직무상 책임이 있는 경우에 면허가 취소되거나, 6개월 이내의 기간을 정하여 업무 정지를 받아요. 학교 급식으로 인해 식중독이 발생한다면 학교급식법 제22조 제1호에 따라 교장과 영양사는 고의 또는 과실로 식중독 등 위생·안전상의 사고를 발생하게 한 책임을 져야 하고, 징계까지 받을 수 있어요.

여러분이 안전하게 급식을 먹을 수 있도록, 그리고 건강하게 영양을 섭취할 수 있도록 많은 사람이 노력하고 있다는 것을 기억하고, 호화 급식이 아니더라도 맛있게 먹도록 해요!

## 식품위생법

제80조(면허취소 등) ① 식품의약품안전처장 또는 특별자치시장 · 특별자치도지사 · 시장 · 군수 · 구청장은 조리사가 다음 각 호의 어느 하나에 해당하면 그 면허를 취소하거나 6개월 이내의 기간을 정하여 업무정지를 명할 수 있다. 다만, 조리사가 제1호 또는 제5호에 해당할 경우 면허를 취소하여야 한다.

3. 식중독이나 그 밖에 위생과 관련한 중대한 사고 발생에 직무상의 책임이 있는 경우

제88조(집단급식소) ② 집단급식소를 설치 · 운영하는 자는 집단급식소 시설의 유지 · 관리 등 급식을 위생적으로 관리하기 위하여 다음 각 호의 사항을 지켜야 한다.

1. 식중독 환자가 발생하지 아니하도록 위생관리를 철저히 할 것

제101조(과태료) ① 다음 각 호의 어느 하나에 해당하는 자에게는 1천만 원 이하의 과태료를 부과한다.

3. 제88조제2항을 위반한 자

## 학교급식법

제22조(징계) 학교급식의 적정한 운영과 안전성 확보를 위하여 징계의결 요구권자는 관할 학교의 장 또는 그 소속 교직원 중 다음 각 호의 어느 하나에 해당하는 자에 대하여 당해 징계사건을 관할하는 징계위원회에 그 징계를 요구하여야 한다.

1. 고의 또는 과실로 식중독 등 위생 · 안전상의 사고를 발생하게 한 자

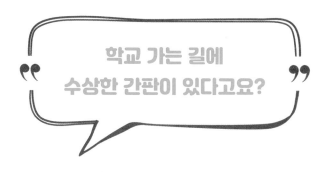

학교 가는 길에
수상한 간판이 있다고요?

한 초등학교 앞에 이발소가 있었어요. 이발소는 큰 길가에 자리 잡고 있었고, 이발소라는 표시인 삼색 기둥이 돌아가고 있었어요. 그 옆에 수면실이라고 쓰인 기둥도 함께 돌아가고 있었지만 사람들은 큰 길가라서 별다른 의심을 하지 않았어요. 그런데 알고 보니 이발소가 아니라 성매매를 하는 퇴폐업소였어요.

실제로 있었던 일이었지요. 이렇게 학교 앞에 퇴폐업소가 있어도 되는 걸까요? 교육환경법은 이를 금지하고 있어요. 교육환경법은 학생이 건강하고 쾌적한 환경에서 교육받을 수 있게 하는 것을 목적으로 학교의 교육환경 보호에 필요한 사항을 규정하고 있어요. 자세히 살펴볼까요?

교육환경법 제8조에서는 학교 주변을 '교육환경보호구역'으로 설정하도록 정하고 있어요. 교육환경보호구역에는 절대보호구역과 상대보호구역이 있는데, 절대보호구역은 학교출입문으로부터 직선거리로 50미터까지인 지역을 말해요. 상대보호구역은 학교경계등으로부터 직선거리로 200미터까지인 지역 중 절대보호구역을 제외한 지역을 말해요.

교육환경보호구역에 해당하는 범위 안에서 유해시설은 영업을 할 수 없어요. 유해한 시설에는 무엇이 있을까요? 교육환경법 제9조에 따르면 학생의 보건·위생, 안전, 학습과 교육환경을 해치는 시설을 유해시설로 규정하고 있어요. 대표적인 것으로는 단란주점 및 유흥주점, 무도장, 숙박업, 피시방, 노래방, 당구장, 만화방 등이 있어요.

그런데 최근에 만화카페 주인이 만화카페가 교육환경을 해치지 않는다고 주장하는 소송을 제기했어요. 여러분은 어떻게 생각하나요? 법원은 만화카페를 교육환경에 유해한 시설로 단정할 수 없다고 판결을 내렸지요. 폭력성이나 선정성이 있는 만화는 별도로 규율해서 청소년이 볼 수 없도록 하는 것으로 충분하고, 만화방 자체가 청소년에게 유해한 것은 아니라는 것이지요.

만화방에 대한 사회 인식의 변화는 풍속영업규제법에서도 나타났어요. 풍속영업규제법은 선량한 풍속을 해하거나 청소년의 건전한 육성을 저해하는 행위를 풍속영업이라고 보고 이를 금지하는 법이에요. 과거에는 이 법에 따라 만화대여업이 풍속영업에 해당한다고 규정되어 있었는데, 1999년에 만화대여업이 풍속영업에서 제외되었답니다. 이러한 변화에 따라 만화방과 당구장을 교육환경보호구역 내 금지시설에서 제외하는 내용을 담은 교육환경법의 개정을 2020년부터 추진하고 있답니다.

지금까지 교육환경보호구역 내 금지시설에 대해서 알아보았어요. 그렇다면 이를 위반하고 금지시설을 영업하면 어떻게 될까요? 교육환경법 제16조에 따라서 2년 이하의 징역 또는 2천만 원 이하의 벌금을 내야 해요.

이렇게 우리 법은 청소년의 안전한 교육환경을 위해 다양한 규정을 마련하고 있어요. 그 덕분에 여러분이 깨끗한 학교 주변 환경에서 생활할 수 있는 것이랍니다.

## 교육환경 보호에 관한 법률(약칭: 교육환경법)

제8조(교육환경보호구역의 설정 등) ① 교육감은 학교경계 또는 학교설립예정지 경계(이하 "학교경계등"이라 한다)로부터 직선거리 200미터의 범위 안의 지역을 다음 각 호의 구분에 따라 교육환경보호구역으로 설정·고시하여야 한다.

1. 절대보호구역: 학교출입문으로부터 직선거리로 50미터까지인 지역(학교설립예정지의 경우 학교경계로부터 직선거리 50미터까지인 지역)

2. 상대보호구역: 학교경계등으로부터 직선거리로 200미터까지인 지역 중 절대보호구역을 제외한 지역

제9조(교육환경보호구역에서의 금지행위 등) 누구든지 학생의 보건·위생, 안전, 학습과 교육환경 보호를 위하여 교육환경보호구역에서는 다음 각 호의 어느 하나에 해당하는 행위 및 시설을 하여서는 아니 된다. 다만, 상대보호구역에서는 제14호부터 제29호까지에 규정된 행위 및 시설 중 교육감이나 교육감이 위임한 자가 지역위원회의 심의를 거쳐 학습과 교육환경에 나쁜 영향을 주지 아니한다고 인정하는 행위 및 시설은 제외한다.

12. 「영화 및 비디오물의 진흥에 관한 법률」 제2조제11호의 제한상영관

13. 「청소년 보호법」 제2조제5호가목7)에 해당하는 업소와 같은 호 가목8), 가목9) 및 나목7)에 따라 여성가족부장관이 고시한 영업에 해당하는 업소

18. 「담배사업법」에 의한 지정소매인, 그 밖에 담배를 판매하는 자가 설치하는 담배자동판매기(「유아교육법」 제2조제2호에 따른 유치원 및 「고등교육법」 제2조 각 호에 따른 학교의 교육환경보호구역은 제외한다)

19. 「게임산업진흥에 관한 법률」 제2조제6호, 제7호 또는 제8호에 따른 게임제공업, 인터넷컴퓨터게임시설제공업 및 복합유통게임제공업(「유아교육법」 제2조제2호에 따른 유치원 및 「고등교육법」 제2조 각 호에 따른 학교의 교육환경보호구역은 제외한다)

20. 「게임산업진흥에 관한 법률」 제2조제6호다목에 따라 제공되는 게임물 시설(「고등교육법」 제2조 각 호에 따른 학교의 교육환경보호구역은 제외한다)

21. 「체육시설의 설치·이용에 관한 법률」 제3조에 따른 체육시설 중 당구장, 무도학원 및 무도장(「유아교육법」 제2조제2호에 따른 유치원, 「초·중등교육법」 제2조제1호에 따른 초등학교, 「초·중등교육법」 제60조의3에 따라 초등학교 과정만을 운영하는 대안학교 및 「고

등교육법」제2조 각 호에 따른 학교의 교육환경보호구역은 제외한다)

23. 「사행행위 등 규제 및 처벌 특례법」제2조제1항제2호에 따른 사행행위영업

24. 「음악산업진흥에 관한 법률」제2조제13호에 따른 노래연습장업(「유아교육법」제2조 제2호에 따른 유치원 및 「고등교육법」제2조 각 호에 따른 학교의 교육환경보호구역은 제외한다)

25. 「영화 및 비디오물의 진흥에 관한 법률」제2조제16호가목 및 라목에 해당하는 비디오물 감상실업 및 복합영상물제공업의 시설(「유아교육법」제2조제2호에 따른 유치원 및 「고등교육법」제2조 각 호에 따른 학교의 교육환경보호구역은 제외한다)

26. 「식품위생법」제36조제1항제3호에 따른 식품접객업 중 단란주점영업 및 유흥주점영업

제16조(벌칙) ① 제9조를 위반하여 교육환경보호구역에서 금지된 행위 또는 시설을 한 자는 2년 이하의 징역 또는 2천만원 이하의 벌금에 처한다.

 학교 앞에 바바리맨이
나타났어요!

여러분은 학교 앞이나 주변에서 바바리맨을 본 적이 있나요? 바바리코트를 입은 채로 안에는 옷을 입지 않고 나체로 있는 사람을 바바리맨이라고 해요. 주로 학교나 길거리, 역 등에 나타나지요.

사람은 자신이 입고 싶은 옷을 입을 자유가 있어요. 반팔을 입거나, 긴 소매 옷을 입는 것도 입는 사람 마음이에요. 하얀 바지를 입거나 검은 바지를 입는 것도 마찬가지이지요.

그렇다면 바바리만 입는 것은 그 사람의 자유일까요? 혹은 아무것도 입지 않고 돌아다니는 것은 본인의 자유일까요?

우리 법은 바바리맨의 행동을 범죄로 보고, 처벌하고 있어요. 공공장소에서 과다하게 노출하면 경범죄에 해당해요. 과다노출은 공개된 장소에서 공공연하게 성기·엉덩이 등 신체의 주요한 부위를 노출하여 다른 사람에게 부끄러운 느낌이나 불쾌감을 주는 것을 말해요. 과다노출을 하면 경범죄처벌법 제3조 제1항에 따라 10만 원 이하의 벌금, 구류 또는 과료의 형으로 처벌해요.

공연히 '음란한 행위'를 한 경우에는 형법상 공연음란죄에 해당해요. 여기서 말하는 음란한 행위란 무엇일까요? 음란한 행위라고 해서 반드시 성행위를 묘사하거나 성적인 의도를 가져야 하는 것은 아니에요. 음란한 행위는 일반인의 성욕을 자극하여 성적 흥분을 유발하고 정상적인 성적 수치심을 해하여 성적 도의관념에 반하는 행위를 말해요.

공연음란죄는 경범죄처벌법상 과다노출보다 더 무겁게 처벌하고 있어요. 형법 제245조에 따라 1년 이하의 징역, 500만 원 이하의 벌금, 구류 또는 과료에 처한답니다.

공연음란죄에 해당하는 실제 사례를 살펴볼까요? 나체의 여성 모델들이 요구르트 제품을 홍보했던 사건이에요. 이들은 관람객과 기자 등 사람들이 많이 모인 홍보 무대에서 알몸에 밀가루를 묻힌 채로 요구르트를 몸에 뿌려서 밀가루를 벗겨내는 행동을 했어요. 우리 법원은 이를 음란한 행위라고 판단하고 공연음란죄에 해당한다고 판결했어요.

경범죄처벌법상 과다노출과 형법상 공연음란죄는 어떻게 구분할 수 있을까요? 법원에서는 신체의 노출 행위가 있다고 하더라도 그 일시와 장소, 어느 부위를 노출했는지, 어떤 방식으로 노출을 하였는지, 노출하게 된 동기와 경위 등 구체적 사정을 종합적으로 살펴서 경범죄처벌법상 과다노출에 해당하는지, 형법상 공연음란죄에 해당하는지를 판단한답니다.

혹시 공공장소에서 바바리맨을 만나게 된다면, 범죄라는 사실을 기억하고 경찰서에 신고하세요.

## 경범죄처벌법

제3조(경범죄의 종류) ① 다음 각 호의 어느 하나에 해당하는 사람은 10만원 이하의 벌금, 구류 또는 과료(科料)의 형으로 처벌한다.

33.(과다노출) 공개된 장소에서 공공연하게 성기 · 엉덩이 등 신체의 주요한 부위를 노출하여 다른 사람에게 부끄러운 느낌이나 불쾌감을 준 사람

## 형법

제245조(공연음란) 공연히 음란한 행위를 한 자는 1년 이하의 징역, 500만원 이하의 벌금, 구류 또는 과료에 처한다.

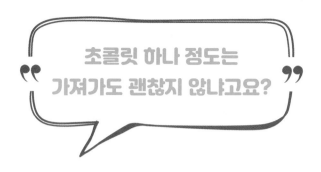

초콜릿 하나 정도는
가져가도 괜찮지 않냐고요?

성호는 학교에서 쉬는 시간에 초콜릿을 사러 매점에 갔어요. 계산하려고 했는데, 주인아주머니가 안 계셔서 기다렸지요. 한참을 기다려도 아주머니가 오시지 않았고 쉬는 시간이 끝나는 종이 울렸어요. 성호는 다음 쉬는 시간에 다시 와서 사야 하나 잠시 고민을 했어요. 그런데 성호네 반은 4층에 있어서 1층에 있는 매점에 오려면 또 4층 계단을 오르내려야 하니 귀찮아졌지요. 성호는 속으로 '초콜릿 하나가 얼마 한다고. 이 정도는 가져가도 아주머니도 모르실 테고 별일 없을 거야!' 라고 생각하며 초콜릿을 가지고 반으로 올라갔어요.

여러분은 성호처럼 매점이나 문구점에서 작은 물건 하나 정도쯤이야 하는 생각을 하고 계산하지 않은 채 가지고 나온 적이 있나요? 돈을 내지 않고 물건을 가지고 나오면 나쁜 행동이라는 것은 누구나 알고 있지요. 그런데 값이 얼마 하지 않는 물건은 작은 규칙을 어기는 정도라고 생각할 수도 있어요. 하지만 매점, 마트에서 작은 물건이라도 그냥 가지고 나오는 것은 사소한 일탈이 아니라 절도죄에 해당하는 범죄예요. 절

도죄는 형법 제329조에 따라 6년 이하의 징역 또는 1천만 원 이하의 벌금 처벌을 받아요.

그리고 야간에 다른 사람의 집에 들어가서 물건을 훔치면 일반 절도죄보다 더 무겁게 처벌해요. 형법 제330조에 따라 야간주거침입절도죄로 10년 이하의 징역에 처해요. 야간주거침입절도죄는 일반 절도죄와 다르게 벌금형이 없어 징역형으로만 처벌받고, 형량도 무거워요.

또 흉기를 가지고 물건을 훔치거나, 두 명 이상이 함께 훔치면 일반 절도죄보다 더 무겁게 처벌하고 있어요. 형법 제331조에 따라 특수절도죄로 보고 1년 이상 10년 이하의 징역에 처한답니다. 상습적으로 훔쳐도 가중처벌되는데, 때에 따라서는 형법이 아니라 특정범죄가중법에 따라 아주 엄하게 처벌받을 수 있어요.

만약 피해자가 처벌을 원하지 않으면 처벌을 피할 수 있을까요? 피해를 본 사람이 처벌을 원하지 않을 때 처벌하지 않는 것을 '반의사불벌죄'라고 해요. 단순폭행, 존속폭행, 과실치상, 단순협박죄 등이 이에 해당하지요.

절도죄는 반의사불벌죄에 해당하지 않아요. 즉, 절도죄는 피해를 본 사람이 처벌을 원치 않는다고 해도 피해자의 의사와 무관하게 처벌을 받아요. 값이 적게 나가는 물건이라고 해도 다른 사람의 물건을 훔쳐가면 일탈이 아니라 범죄라는 사실을 기억해 두세요.

꼭 알아두어야 할 법률 상식

# 형법

**제329조(절도)** 타인의 재물을 절취한 자는 6년 이하의 징역 또는 1천만원 이하의 벌금에 처한다.

**제330조(야간주거침입절도)** 야간에 사람의 주거, 관리하는 건조물, 선박, 항공기 또는 점유하는 방실(房室)에 침입하여 타인의 재물을 절취(竊取)한 자는 10년 이하의 징역에 처한다.

[시행일 : 2021. 12. 9.]

**제331조(특수절도)** ① 야간에 문이나 담 그 밖의 건조물의 일부를 손괴하고 제330조의 장소에 침입하여 타인의 재물을 절취한 자는 1년 이상 10년 이하의 징역에 처한다.
② 흉기를 휴대하거나 2명 이상이 합동하여 타인의 재물을 절취한 자도 제1항의 형에 처한다.

[시행일 : 2021. 12. 9.]

**제332조(상습범)** 상습으로 제329조 내지 제331조의2의 죄를 범한 자는 그 죄에 정한 형의 2분의 1까지 가중한다.

## 특정범죄 가중처벌 등에 관한 법률(약칭 : 특정범죄가중법)

**제5조의4(상습 강도 · 절도죄 등의 가중처벌)** ② 5명 이상이 공동하여 상습적으로 「형법」 제329조부터 제331조까지의 죄 또는 그 미수죄를 범한 사람은 2년 이상 20년 이하의 징역에 처한다.
⑤ 「형법」 제329조부터 제331조까지, 제333조부터 제336조까지 및 제340조 · 제362조의 죄 또는 그 미수죄로 세 번 이상 징역형을 받은 사람이 다시 이들 죄를 범하여 누범(累犯)으로 처벌하는 경우에는 다음 각 호의 구분에 따라 가중처벌한다.
1. 「형법」 제329조부터 제331조까지의 죄(미수범을 포함한다)를 범한 경우에는 2년 이상 20년 이하의 징역에 처한다.
⑥ 상습적으로 「형법」 제329조부터 제331조까지의 죄나 그 미수죄 또는 제2항의 죄로 두 번 이상 실형을 선고받고 그 집행이 끝나거나 면제된 후 3년 이내에 다시 상습적으로 「형법」 제329조부터 제331조까지의 죄나 그 미수죄 또는 제2항의 죄를 범한 경우에는 3년 이상 25년 이하의 징역에 처한다.

매점에서 거스름돈을
더 받았어요!

유진이는 오늘 공짜로 돈이 생겨서 매우 기분이 좋아요. 매점에서 빵과 우유를 사려고 돈을 냈는데, 주인아저씨가 거스름돈을 더 주셨거든요. 유진이는 거스름돈을 받아 세어 본 후 더 받은 것을 알고 주인아저씨에게 말을 할까 말까 망설였어요. 하지만 유진이도 그 자리에서 거스름돈을 세지 않았다면 어차피 몰랐을 테니까 모른 척하기로 했어요.

여러분은 유진이처럼 거스름돈을 더 받은 적이 있나요? 있다면 어떤 선택을 했나요? 점원의 실수로 더 받게 된 거스름돈은 공짜로 생긴 돈이 아니라 민법 제741조에 규정된 '부당이득'을 얻은 것이에요. 부당이득은 돌려주어야 할 의무가 있고, 돌려주지 않으면 범죄가 될 수 있어요. 거스름돈을 돌려주지 않으면 더 받았다는 사실을 언제 알았는지에 따라서 사기죄가 될 수도, 점유이탈물횡령죄가 될 수도 있어요. 함께 살펴볼까요?

먼저 거스름돈을 더 받은 사실을 알고도 돌려주지 않은 경우가 있어요. 이 경우에는 일부러 점원을 속인 것으로 보고 사기죄가 적용될 수

있어요. 우리 법원은 부동산 매매를 할 때 사는 사람이 실수로 잔금을 더 주는 것을 파는 사람이 알면서도 그대로 받은 사건을 사기죄라고 판결했어요. 사기죄는 사람을 속여서 이익을 보는 범죄를 말한답니다. 형법 제347조에 따라 사기죄는 10년 이하의 징역 또는 2천만 원 이하의 벌금을 내야 해요.

거스름돈을 받았을 때는 더 받은 사실을 몰랐지만 나중에 그 사실을 아는 때도 있지요. 그 사실을 알게 되었음에도 돌려주지 않으면 점유이탈물횡령죄가 적용될 수 있어요. 점유이탈물횡령죄는 다른 사람의 점유에서 이탈한 것을 가져가는 것을 말해요. 형법 제360조에 따라 점유이탈물횡령죄는 1년 이하의 징역이나 300만 원 이하의 벌금 또는 과료에 처한답니다.

실제로 거스름돈을 더 받으려고 거짓말을 했다가 훨씬 큰 금액의 벌금을 내게 된 사례가 있어요. 대구에 사는 김씨가 목욕탕 주인에게 거스름돈을 1만 원 덜 받았다고 거짓말을 한 사건이에요. 그런데 주인은 김씨가 거짓말을 하고 있다는 사실을 눈치챘어요. 결국 김씨는 사기 미수로 100만 원의 벌금을 내라는 법원의 판결을 받았어요. 1만 원 더 받으려고 거짓말을 하다가 100배의 벌금을 물게 된 셈이지요.

거스름돈을 더 받은 날은 운이 좋은 날이 아니랍니다. 거스름돈을 더 받았다면 그 사실을 알게 된 즉시 돌려주어야 한답니다.

 꼭 알아두어야 할 법률 상식

## 형법

제347조(사기) ① 사람을 기망하여 재물의 교부를 받거나 재산상의 이익을 취득한 자는 10년 이하의 징역 또는 2천만원 이하의 벌금에 처한다.

제360조(점유이탈물횡령) ① 유실물, 표류물 또는 타인의 점유를 이탈한 재물을 횡령한 자는 1년 이하의 징역이나 300만원 이하의 벌금 또는 과료에 처한다.

## 민법

제741조(부당이득의 내용) 법률상 원인없이 타인의 재산 또는 노무로 인하여 이익을 얻고 이로 인하여 타인에게 손해를 가한 자는 그 이익을 반환하여야 한다.

학교에서, 혹은 길에서 다른 사람의 핸드폰을 주운 적이 있나요? 핸드폰을 주우면 주인에게 돌려주는 사람도 있고, 고가인 핸드폰의 경우에는 중고로 판매하는 사람도 있지요. 분실 핸드폰을 가져가면 도덕적으로 나쁜 사람일 뿐일까요? 아니면 어차피 잃어버린 핸드폰이니까 가져가도 될까요? 혹은 주인을 찾기 어려우니까 나라도 이득을 보는게 좋은 걸까요?

분실 핸드폰을 가져가면 범죄랍니다. 유실물법 제1조에서는 다른 사람이 잃어버린 물건을 습득하면 잃어버린 사람에게 돌려주거나 경찰서에 맡겨야 한다고 규정하고 있어요. 만약 돌려주지 않고 가져가면 '점유이탈물횡령죄' 혹은 '절도죄'가 될 수 있어요.

그렇다면 점유이탈물횡령죄와 절도죄의 차이가 무엇일까요? 점유이탈물횡령죄와 절도죄의 차이는 물건을 주운 장소와 관련이 있답니다. 관리인이 없는 곳에서 물건을 습득하면 점유이탈물횡령죄가 적용될 수 있어요. 쉽게 말해서 길거리에는 관리인이 없지요. 즉, 길에서 잃어버린

핸드폰을 가져가면 점유이탈물횡령죄로 형법 제360조에 따라 1년 이하의 징역이나 300만 원 이하의 벌금 또는 과료를 내야 해요.

우리 법원은 지하철에 승객이 놓고 간 물건을 가지고 간 경우에 점유이탈물횡령죄가 성립한다고 했어요. 지하철 승무원이 그 물건을 점유한다고 보기 어려워 관리자로 볼 수 없다고 여긴 것이에요. 따라서 점유이탈물횡령죄에 해당하고, 절도죄는 적용되지 않는다고 본 거예요.

관리인이 있는 곳에서 물건을 습득했다면 절도죄가 적용될 수 있어요. 예를 들면 학교, 병원, 은행, 식당, 커피숍, 당구장 등의 장소예요. 학교 등 관리자가 있는 장소에서는 관리자를 통해 핸드폰 주인을 찾을 수 있음에도 불구하고 분실 핸드폰을 가져간다면 절도죄예요. 절도죄는 점유이탈물횡령죄보다 더 무겁게 처벌하고 있어요. 형법 제329조에 따라 6년 이하의 징역 또는 1천만 원 이하의 벌금을 내야 하지요.

우리 법원은 당구장에서 손님이 놓고 간 물건을 다른 사람이 가져간 것은 절도죄에 해당한다고 판결했어요. 당구장은 관리인이 있으니 점유이탈물횡령죄가 아니라 절도죄에 해당한다고 본 거예요.

만약 분실 핸드폰의 주인을 찾기 어려울 때는 어떻게 할까요? 가까운 우체통에 넣거나 우체국에 맡기세요. 가까이에 우체통, 우체국이 없다면 경찰서에 맡기면 된답니다. 그리고 유실물법 제4조에 따라 물건을 찾은 사람은 물건을 찾아준 사람에게 보상금을 줘야 해요. 보상금은 물건 가격의 100분의 5 이상 100분의 20 이하예요.

여러분이 핸드폰을 잃어버렸다고 생각해 보세요. 핸드폰 기깃값뿐만 아니라 핸드폰 안에 있는 주소록, 친구들과 나눈 메시지들, 메모장에 적어 놓은 정보들 모두를 한순간에 잃어버리는 것이지요. 다른 사람이 모르고 놓고 간 핸드폰을 보면 공짜폰이 생겼다고 좋아할 것이 아니라 잃어버린 사람의 마음을 생각해서 주인을 찾아주세요.

 꼭 알아두어야 할 법률 상식

### 형법

제329조(절도) 타인의 재물을 절취한 자는 6년 이하의 징역 또는 1천만원 이하의 벌금에 처한다.

제360조(점유이탈물횡령) ① 유실물, 표류물 또는 타인의 점유를 이탈한 재물을 횡령한 자는 1년 이하의 징역이나 300만원 이하의 벌금 또는 과료에 처한다.

### 유실물법

제1조(습득물의 조치) ① 타인이 유실한 물건을 습득한 자는 이를 신속하게 유실자 또는 소유자, 그 밖에 물건회복의 청구권을 가진 자에게 반환하거나 경찰서(지구대·파출소 등 소속 경찰관서를 포함한다. 이하 같다) 또는 제주특별자치도의 자치경찰단 사무소(이하 "자치경찰단"이라 한다)에 제출하여야 한다.

제4조(보상금) 물건을 반환받는 자는 물건가액(物件價額)의 100분의 5 이상 100분의 20 이하의 범위에서 보상금(報償金)을 습득자에게 지급하여야 한다.

친구가 나한테
빌린 돈을 안 갚아요!

학교에서 쉬는 시간에 친구가 배가 고프다며 빵을 사러 매점에 가자고 해서 함께 갔어요. 그런데 친구가 깜박하고 돈을 가져오지 않았다고 돈을 빌려 달라고 해요. 돈을 빌려주지 않으면 매정한 사람이 되는 것 같아서 돈을 빌려줬어요. 그런데 친구는 며칠이 지나도 돈을 갚지 않아요. 심지어 같은 방법으로 여러 번 돈을 빌려 갔어요. 이렇게 친구가 돈을 빌려 갔는데 갚지 않으면 어떻게 해야 할까요?

민법 제390조는 돈을 빌려준 채권자는 돈을 빌려 간 채무자에게 돈을 돌려달라고 할 수 있도록 규정하고 있어요. 돈을 빌려준 사람을 '채권자', 돈을 빌려 간 사람을 '채무자'라고 해요. 채무자가 돈을 갚지 않는 경우, 법원에 돈을 갚게 해달라고 민사소송을 제기할 수 있어요. 하지만 소송을 하려면 변호사 비용 등 돈이 많이 들고 판결이 나기까지 오래 걸린답니다. 빌려준 돈이 적을 때에는 소송하는 게 오히려 부담될 수 있지요.

그렇다면 더 간편한 방법으로 돈을 받는 방법이 있을까요? '소액사건심판제도'와 '지급명령'이 있어요. 일반 민사소송보다 비용이 훨씬 적게

들고 더 간편한 절차로 빠르게 재판을 받는 방법이랍니다.

'소액사건심판제도'는 분쟁금액이 소액인 민사사건을 신속하게 처리하기 위한 간이절차 방식의 소송을 말해요. 소액사건심판규칙 제1조의 2에 따라 채무자에게 받을 금액이 3천만 원 이하일 때에 돈을 갚으라고 할 수 있는 제도예요.

'지급명령'은 채권자가 채무자를 상대로 금전 등을 지급하라는 지급명령 신청에 대해서 변론이나 판결 없이 곧바로 돈을 지급하라는 명령을 내리는 간이소송 절차를 말해요. 지급명령은 민사소송법 제462조에 규정된 독촉 절차라고 볼 수 있는데, 채무자가 여러 가지 핑계를 대며 돈을 갚지 않을 때 신청할 수 있어요.

돈을 빌리거나 빌려주는 것은 신중해야 해요. 하지만 어쩔 수 없이 빌리거나 빌려줘야 하는 상황이라면 어떤 점을 알아두어야 할까요?

돈을 빌리거나 빌릴 때는 '차용증'을 작성하여 보관하세요. 차용증은 빌린 시기, 금액, 갚기로 한 날짜 등을 적어서 돈을 빌린 것을 증명할 수 있는 문서를 말해요. 차용증이 있으면 재판을 할 때 증거로 사용할 수 있어요. 특히 지급명령을 신청할 때 꼭 필요해요.

돈을 쉽게 거래했다가는 친구 관계도 나빠지고, 서로 기분이 상하지요. 돈을 빌려주거나 빌릴 때는 신중하게 생각해 보세요.

꼭 알아두어야 할 법률 상식

## 민법

제390조(채무불이행과 손해배상) 채무자가 채무의 내용에 좇은 이행을 하지 아니한 때에는 채권자는 손해배상을 청구할 수 있다.

## 민사소송법

제462조(적용의 요건) 금전, 그 밖에 대체물(代替物)이나 유가증권의 일정한 수량의 지급을 목적으로 하는 청구에 대하여 법원은 채권자의 신청에 따라 지급명령을 할 수 있다.

## 소액사건심판규칙

제1조의2(소액사건의 범위) 법 제2조제1항에 따른 소액사건은 제소한 때의 소송목적의 값이 3,000만원을 초과하지 아니하는 금전 기타 대체물이나 유가증권의 일정한 수량의 지급을 목적으로 하는 제1심의 민사사건으로 한다.

우리는 학교에서 꽤 많은 시간을 보내고 있어요. 그만큼 친구들과 함께 있는 시간이 많은데, 친구와 사이좋게 지내다가도 가끔 싸우기도 하지요? 하지만 친구끼리 다툼이 커지거나, 누군가를 왕따시키거나, 빵셔틀을 시키는 등 학교폭력이 심각한 사회적 문제가 되고 있어요.

교육부의 2019년 1차 학교폭력 실태조사에 따르면, 초등학생 3.6%, 중학생 0.8%, 고등학생 0.4%가 학교폭력의 피해를 본 것으로 나타났어요. 학교폭력 피해가 2017년부터 점차 증가한 수치예요. 이 통계에 따르면 초등학생이 가장 학교폭력 피해가 심각한 것을 알 수 있어요.

뉴스에서 초등생 락스 사건을 본 적 있나요? 초등학교 5학년 여학생이 동급생이 자신을 욕했다면서 동급생의 머리에 락스를 뿌리는 충격적인 일이 있었지요. 처음에는 주먹으로 때리고 머리를 짓밟다가 화장실로 데려가서 머리에 락스를 뿌린 것으로 알려졌어요.

정말 끔찍한 사건이지요? 이 사건에서는 신체를 손, 발로 때리는 등 고통을 주는 행동인 '신체폭력'을 주로 가했어요. 그런데 학교폭력은 단지 신체에 폭력을 저지르는 것만 말하는 것은 아니에요.

학교폭력예방법 제2조에서 학교폭력이 무엇인지 정하고 있어요. '상해, 폭행, 감금, 협박, 약취·유인, 명예훼손·모욕, 공갈, 강요·강제적인 심부름 및 성폭력, 따돌림, 사이버 따돌림, 정보통신망을 이용한 음란·폭력 정보 등에 의해서 신체적이나 정신적, 재산상의 피해를 주는 행위'라고 규정하고 있어요. 즉, 신체적 폭력뿐만 아니라 정신적 폭력, 금전적인 피해도 학교폭력에 해당해요. 놀리거나 욕을 하는 것, 일부러 나쁜 말을 퍼트리거나 따돌리는 것도 모두 학교폭력이에요.

학교폭력을 저지른 사람은 어떻게 될까요? 학교폭력을 저지르면 학교폭력예방법 제17조에 따라 여러 가지 조치를 받고, 받은 조치를 이행해야 하지요.

가해 학생에게 내릴 수 있는 조치를 보면, 가해 학생은 피해 학생에게 서면사과, 피해 학생과 신고·고발 학생에 대한 접촉, 협박 및 보복행위를 못하도록 금지, 학교 혹은 사회에서 봉사 활동, 관련 교육을 받거나 심리치료를 받는 것, 학교에 출석하지 못하도록 출석정지, 반을 옮기는 학급교체, 전학, 퇴학처분까지 받게 될 수 있어요. 다만 가해 학생이 의무교육과정인 초등학교나 중학교에 다니고 있다면 퇴학처분을 내릴 수 없어요. 또 학교폭력예방법 제16조 제6항에 따라 피해 학생이 치료비나 심리치료 등의 치료받는 데 드는 돈을 가해 학생의 보호자가 내야 해요.

지금까지 가해 학생이 어떤 조치를 받는지를 알아봤어요. 가장 중요한 것은 피해 학생이 어떤 보호를 받을 수 있는지일 거예요. 피해 학생은 어떤 도움을 받을 수 있는지 살펴볼까요?

피해 학생은 학교폭력예방법 제16조 제1항에 따라 여러 가지 보호조치를 요청할 수 있어요. 피해 학생은 심리상담 및 전문가의 조언을 요청할 수 있고, 일시 보호, 치료 및 치료를 위한 요양을 요청할 수 있어

## 학교폭력을 겪고 있는데, 아무에게도 말하지 못하고 있나요?

### 학교폭력 피해자

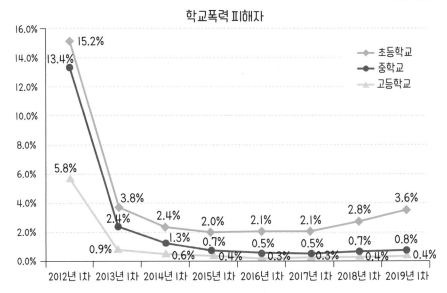

초등학교

중학교

고등학교

16.0%
14.0%
12.0%
10.0%
8.0%
6.0%
4.0%
2.0%
0.0%

15.2%
13.4%
5.8%
3.8%
2.4%
0.9%
2.4%
1.3%
0.6%
2.0%
0.7%
0.4%
2.1%
0.5%
0.3%
2.1%
0.5%
0.3%
2.8%
0.7%
0.4%
3.6%
0.8%
0.4%

2012년 1차  2013년 1차  2014년 1차  2015년 1차  2016년 1차  2017년 1차  2018년 1차  2019년 1차

*출처: 교육부, 2019년 1차 학교폭력 실태조사

요. 반을 옮겨달라고 학급교체를 요청할 수도 있어요. 그 밖에도 해바라기센터 지정 병원 등 의료기관에 연계해 달라고 요청하거나, 대한법률구조공단과 같은 법률구조기관, 학교폭력 관련 기관 등에 필요한 협조와 지원을 해달라고 요청할 수 있어요. 피해 학생이 보호조치를 요청하면 학교에서는 학교폭력예방법 제16조 제3항에 따라 피해 학생 보호자의 동의를 받아서 7일 이내에 조치해야 해요. 그리고 위에서 말한 보호조치를 받느라 피해 학생이 결석하는 경우에는 학교폭력예방법 제16조 제4항에 따라 출석한 것으로 인정해 줄 수 있어요.

학교에서는 피해 학생에게 여러 가지 지원을 받을 수 있는 정보를 안내해야 해요. 지역별로 마련된 학교폭력 피해 학생 전담지원기관에서 상담, 일시 보호, 병원연계 등의 도움을 받을 수 있어요. 학교폭력 통합지원서비스를 통해 의료, 심리상담, 생활 물품 지원 등 맞춤형 지원을 받을 수도 있답니다. 그리고 우리아이행복프로젝트 등 치유 프로그램에도 참여할 수 있어요.

혹시 학교폭력을 겪고 있는데 아무에게도 말하지 못하고 있나요? 학교폭력은 시간이 지난다고 해서 해결되는 것이 아니에요. 그대로 놔두면 더 심각해질 수 있어요. 그리고 학교폭력을 겪으면 우울증 등 정신적인 피해도 심각해요. 학교폭력신고센터 117에 전화하거나 #0117로 문자를 보내서 신고하고 상담을 받아보세요. 신고하면 도움을 주는 기관들을 연계해 주고, 필요한 지원을 받을 수 있답니다.

## 학교폭력예방 및 대책에 관한 법률(약칭: 학교폭력예방법)

제2조(정의) 이 법에서 사용하는 용어의 정의는 다음 각 호와 같다.

1. "학교폭력"이란 학교 내외에서 학생을 대상으로 발생한 상해, 폭행, 감금, 협박, 약취 · 유인, 명예훼손 · 모욕, 공갈, 강요 · 강제적인 심부름 및 성폭력, 따돌림, 사이버 따돌림, 정보통신망을 이용한 음란 · 폭력 정보 등에 의하여 신체 · 정신 또는 재산상의 피해를 수반하는 행위를 말한다.

제16조(피해 학생의 보호) ① 심의위원회는 피해 학생의 보호를 위하여 필요하다고 인정하는 때에는 피해 학생에 대하여 다음 각 호의 어느 하나에 해당하는 조치(수 개의 조치를 병과하는 경우를 포함한다)를 할 것을 교육장(교육장이 없는 경우 제12조제1항에 따라 조례로 정한 기관의 장으로 한다. 이하 같다)에게 요청할 수 있다. 다만, 학교의 장은 학교폭력사건을 인지한 경우 피해 학생의 반대의사 등 대통령령으로 정하는 특별한 사정이 없으면 지체없이 가해자(교사를 포함한다)와 피해 학생을 분리하여야 하며, 피해 학생이 긴급보호의 요청을 하는 경우에는 제1호, 제2호 및 제6호의 조치를 할 수 있다. 이 경우 학교의 장은 심의위원회에 즉시 보고하여야 한다.

1. 학내외 전문가에 의한 심리상담 및 조언

2. 일시보호

3. 치료 및 치료를 위한 요양

4. 학급교체

5. 삭제(전학권고 삭제)

6. 그 밖에 피해 학생의 보호를 위하여 필요한 조치

③ 제1항에 따른 요청이 있는 때에는 교육장은 피해 학생의 보호자의 동의를 받아 7일 이내에 해당 조치를 하여야 한다.

④ 제1항의 조치 등 보호가 필요한 학생에 대하여 학교의 장이 인정하는 경우 그 조치에 필요한 결석을 출석일수에 산입할 수 있다.

⑥ 피해 학생이 전문단체나 전문가로부터 제1항제1호부터 제3호까지의 규정에 따른 상담 등을 받는 데에 사용되는 비용은 가해 학생의 보호자가 부담하여야 한다.

제17조(가해 학생에 대한 조치) ① 심의위원회는 피해 학생의 보호와 가해 학생의 선도·교육을 위하여 가해 학생에 대하여 다음 각 호의 어느 하나에 해당하는 조치(수 개의 조치를 병과하는 경우를 포함한다)를 할 것을 교육장에게 요청하여야 하며, 각 조치별 적용기준은 대통령령으로 정한다. 다만, 퇴학처분은 의무교육과정에 있는 가해 학생에 대하여는 적용하지 아니한다.

1. 피해 학생에 대한 서면사과
2. 피해 학생 및 신고·고발 학생에 대한 접촉, 협박 및 보복행위의 금지
3. 학교에서의 봉사
4. 사회봉사
5. 학내외 전문가에 의한 특별 교육이수 또는 심리치료
6. 출석정지
7. 학급교체
8. 전학
9. 퇴학처분

여러분은 주변에서 학교폭력을 본 적이 있나요? 앞장에서 통계 자료를 살펴본 것처럼 2019년을 기준으로 초등학생 3.6%, 중학생 0.8%, 고등학생 0.4%가 학교폭력의 피해를 본 것으로 나타났어요. 그런데 학교폭력을 봤다고 응답한 학생이 초등학교 7.9%, 중학교 2.7%, 고등학교 1.4%로 나타났어요. 즉, 학교폭력 피해를 본 학생보다 학교폭력을 목격한 학생이 더 많다는 것이지요.

학교폭력을 목격한 학생 중 보고도 '아무것도 하지 못했다'라고 응답한 사람은 무려 30.1%로 나타났어요. 목격한 학생이 아무것도 하지 못한 이유는 같이 피해를 볼까 봐, 관심이 없어서, 어떻게 해야 할지 몰라서 등 여러 가지 이유가 있었어요.

이렇게 학교폭력을 보고도 아무것도 하지 않는 사람을 '방관자'라고 해요. 방관자는 학교폭력에 희생되는 피해자를 도와주기는커녕, 자신도 모르게 학교폭력 가해자를 지지하는 셈이 되지요.

그렇다면 학교폭력을 목격하게 된다면 어떻게 해야 할까요? 학교폭학교폭력을 보고도 무서워서 아무것도 하지 못했나요?

력을 보거나, 그 사실을 알게 된 사람은 학교 등 관계 기관에 신고해야 할 의무가 있어요. 학교폭력예방법 제20조에 '학교폭력의 신고의무'를 규정하고 있기 때문이에요. 학교폭력을 보게 된다면 모른 척하지 말고 선생님께 알리세요. 선생님께 알리는 게 어렵다면 학교폭력신고센터(117, 전화 요금 무료)에 신고하세요.

실제로 학교폭력의 피해를 본 사람의 45%는 너무 괴로운 나머지 자살 충동을 느낀다고 해요. 학교폭력을 보고도 별일 없겠지 생각하고 넘어간다면 학교폭력은 점점 더 심해져요. 더 큰 학교폭력으로 가기 전에 여러분이 신고한다면 피해 학생의 생명을 구할 수 있어요.

꼭 알아두어야 할 법률 상식

**학교폭력예방 및 대책에 관한 법률(약칭: 학교폭력예방법)**

제20조(학교폭력의 신고의무) ① 학교폭력 현장을 보거나 그 사실을 알게 된 자는 학교 등 관계 기관에 이를 즉시 신고하여야 한다.

몰래 녹음하면
불법인가요?

사람들이 핸드폰을 가지고 있는 경우가 일반화되면서 핸드폰에 있는 녹음 기능을 사용하는 경우가 많아졌어요. 특히 통화 중에도 버튼만 누르면 바로 녹음을 할 수 있어서 매우 편리하지요. 그런데 상대방 몰래 녹음을 해도 되는 걸까요? 통신비밀보호법 제3조에서는 '공개되지 않은' '다른 사람들끼리의 대화'를 몰래 녹음하는 것을 금지하고 있어요.

'공개되지 않은' 대화를 몰래 녹음하는 것이 안 된다면, 공개된 대화는 녹음해도 될까요? 공개된 대화는 비밀녹음을 해도 통신비밀보호법에 위반되지 않아요. 하지만 공개된 대화를 녹음하는 것을 다른 법에서 금지하는 때도 있으니 함부로 녹음하지 않도록 주의해야 해요. 예를 들어 강연하는 것을 녹음하는 경우에는 강연 내용이 저작물에 해당할 수 있어서 녹음이나 배포를 하면 저작권법에 따라 처벌받을 수 있어요. 또 다른 예로는 공개된 대화라고 해도 업무상의 비밀정보가 있는 경우에는 녹음하고 공개하면 업무상의 비밀이 유포되기 때문에 업무상 비밀침해죄가 될 수 있어요.

그리고 '다른 사람들끼리의 대화'를 몰래 녹음하는 것은 안 된다고 했지요? 그렇다면 나와 상대방의 대화는 몰래 녹음해도 문제가 없는 것일까요? '나와 상대방의 대화'를 몰래 녹음하는 경우에 대해서는 통신비밀보호법에서 규정하고 있지 않아요.

하지만 우리 법원은 상대방의 동의 없이 음성을 녹음하고 재생하는 것은 음성권을 침해하는 것이라고 보고 있어요. 음성권은 누구나 자신의 음성이 자신의 의사에 반해 녹음·재생·녹취·방송·복제·배포되지 않을 권리를 말해요. 우리 법원은 헌법 제10조에서 보장하고 있는 인격권에 속하는 권리로 음성권을 인정하고 있답니다. 따라서 나와 상대방이 하는 대화라고 하더라도 몰래 녹음하면 안 되겠지요.

위에서 통신비밀보호법에서 공개되지 않은 다른 사람들끼리의 대화를 몰래 녹음하는 것을 금지하고 있다는 것을 살펴봤어요. 이것을 위반하면 어떻게 될까요? 통신비밀보호법 제16조 제1항에 따라 1년 이상 10년 이하의 징역과 5년 이하의 자격정지를 받아요.

그렇지만 몰래 녹음했다고 하더라도 법정에 증거로 제출할 수 있는 때도 있어요. 어떤 경우일까요?

우리 법원은 비밀녹음을 하려는 목적이 정당해야 하고, 필요한 범위 내에서, 그리고 사회윤리나 사회통념에 비추어 용인될 수 있는 때에 한해서 허용하고 있어요. 예를 들어 친구가 나를 괴롭히면서 욕설을 하는 경우라면 몰래 녹음을 한 것을 증거로 남겨서 법원에 제출할 수 있어요.

지금까지 비밀녹음에 대해서 살펴보았어요. 몰래 녹음하는 것은 다른 사람의 음성권을 침해한다는 사실을 기억하고, 다른 사람의 권리를 침해하지 않도록 주의하세요.

### 헌법

제10조 모든 국민은 인간으로서의 존엄과 가치를 가지며, 행복을 추구할 권리를 가진다.

### 통신비밀보호법

제3조(통신 및 대화비밀의 보호) ① 누구든지 이 법과 형사소송법 또는 군사법원법의 규정에 의하지 아니하고는 우편물의 검열·전기통신의 감청 또는 통신사실확인자료의 제공을 하거나 공개되지 아니한 타인간의 대화를 녹음 또는 청취하지 못한다.

제16조(벌칙) ① 다음 각 호의 어느 하나에 해당하는 자는 1년 이상 10년 이하의 징역과 5년 이하의 자격정지에 처한다.
1. 제3조의 규정에 위반하여 우편물의 검열 또는 전기통신의 감청을 하거나 공개되지 아니한 타인간의 대화를 녹음 또는 청취한 자
2. 제1호에 따라 알게 된 통신 또는 대화의 내용을 공개하거나 누설한 자

내 사생활, 마음대로
공개하지 마세요!

 "무상급식 손 들어 봐."

혜지는 선생님의 말씀에 고개를 푹 숙이면서 손을 들었어요. 혜지는 저소득층을 대상으로 지원하는 무상급식을 받고 있었거든요. 선생님이 누가 급식비를 냈는지, 안 냈는지 확인하려고 무상급식자를 파악하려고 한 것이지요. 그렇다고 해서 이렇게 공개적으로 물어보다니, 혜지는 속으로 '이건 저소득층이 누군지 손 들어 보라는 말이랑 똑같은 것 아니야?'라고 생각하며 무척 속상했어요.

여러분이 혜지와 같은 입장이라면 마음이 어땠을까요? 현재는 무상급식이 확대되고 보편화되고 있지만, 과거에는 주로 저소득층을 대상으로 무상급식을 지원해 줬어요. 그래서 저소득층만 무상급식을 받는 경우에 무상급식자가 누구인지 공개하는 것은 저소득층에 해당하는 사람이 누구인지 공개하는 것과 같다고 볼 수 있어요.

이렇게 개인의 가정환경을 학교에서 마음대로 공개해도 되는 걸까요? 헌법 제17조는 모든 국민은 사생활의 비밀과 자유를 침해받지 않을

**103**

알리고 싶지 않은 내 사생활, 왜 멋대로 공개하는 거죠?

무상급식 하는 사람 손 들어봐.

권리가 있다고 규정하고 있어요.

사생활의 비밀과 자유가 무엇을 뜻하는지 살펴볼까요? 헌법재판소에 따르면 사생활의 비밀과 자유의 의미는 다음과 같아요. '사생활의 비밀'은 국가가 사생활영역을 들여다보지 못하도록 하는 기본권을 말하는 것이에요. '사생활의 자유'는 국가가 사생활의 자유로운 형성을 방해하거나 금지하지 못하도록 하는 것을 의미해요.

구체적으로 사생활의 비밀과 자유가 보호하는 것은 개인의 내밀한 내용의 비밀을 유지할 권리, 개인이 자신의 사생활의 불가침을 보장받을 수 있는 권리, 개인의 양심영역이나 성적 영역과 같은 내밀한 영역에 대한 보호, 인격적인 감정 세계 존중의 권리와 정신적인 내면생활이 침해받지 않을 권리 등이에요. 따라서 학교에서 학생의 사생활을 마음대로 공개하는 것은 헌법 제17조에 어긋나는 사생활의 비밀침해 행위이지요.

사생활의 비밀과 자유를 침해한 다른 사례는 어떤 것이 있는지 살펴볼까요?

헌법재판소에서 4급 이상 공무원들의 병역사항을 공개하도록 한 제도는 사생활의 비밀과 자유를 침해했다고 판단했어요. 공적 관심의 정도가 약한 4급 이상의 공무원들까지 대상으로 삼아 모든 질병명을 아무런 예외 없이 공개토록 한 것은 헌법에 어긋난다고 판단한 것이지요.

우리 형법은 다른 사람의 비밀을 침해하는 '비밀침해'를 범죄로 규정하고 있어요. 비밀침해는 봉함 기타 비밀장치가 되어 있는 다른 사람의 편지, 문서, 도화 또는 전자기록 등 특수매체 기록을 기술적 수단을 이용해서 그 내용을 알아내는 것을 말해요. 그리고 편지, 문서, 도화를 개봉하는 것도 비밀침해예요. 이를 어기면 형법 제316조에 따라 3년 이하의 징역이나 금고* 또는 500만 원 이하의 벌금을 내야 해요.

개인정보보호법은 개인의 자유와 권리를 보호하기 위해서 개인정보처리 및 보호에 관한 내용을 규정하고 있어요. 개인정보보호법 제71조에 따라 정보 주체의 동의를 받지 않고 개인정보를 제3자에 제공하면 5년 이하의 징역 또는 5천만 원 이하의 벌금을 내야 해요.

사생활의 비밀과 자유를 침해당하면 어떻게 구제받을 수 있을까요? 사생활의 비밀과 자유는 헌법에서 보장하는 기본권 중 하나예요. 기본권을 침해를 당했을 때 구제받는 방법은 여러 가지가 있어요.

먼저 국가인권위원회에 인권침해에 대해서 진정을 할 수 있어요. 진정이 접수되면 국가인권위원회에서 사건을 조사해요. 그리고 인권침해가 맞다고 판단되면 시정하도록 권고하지요. 하지만 국가인권위원회의 권고는 강제성이 없어서 시정을 강제할 수는 없어요.

어떤 법률이 사생활의 비밀과 자유를 침해하는 경우에는 위헌법률심판을 제청할 수 있어요. 위헌 여부는 헌법재판소에서 심사하지요. 헌법에 어긋날 때는 그 법률의 효력을 없애도록 하거나, 적용되지 않도록 할 수 있어요.

위에서 살펴본 4급 이상 공무원의 병역사항 공개와 같이 국가권력에 의해서 국민의 기본권을 침해당한 때는 헌법재판소에 헌법소원심판을 청구할 수도 있어요. 헌법소원은 다른 구제절차를 모두 거친 후에 마지막으로 청구해야 해요. 아울러 사생활의 비밀과 자유를 침해한 사람을 상대로 손해를 배상하라는 민사소송을 할 수 있고, 처벌해 달라고 고소(형사소송)할 수도 있어요. 여러분은 사생활을 공개당하지 않을 권리가 있답니다!

---

＊금고는 징역처럼 교도소에 갇혀 자유를 빼앗기는 형벌을 의미합니다. 1개월~30년까지 부과될 수 있으며, 징역과 다른 점은 교도소에 갇히기만 할 뿐 강제로 일을 시키지는 않는다는 점이에요.

# 꼭 알아두어야 할 법률 상식

## 헌법

제17조 모든 국민은 사생활의 비밀과 자유를 침해받지 아니한다.

## 형법

제316조(비밀침해) ① 봉함 기타 비밀장치한 사람의 편지, 문서 또는 도화를 개봉한 자는 3년 이하의 징역이나 금고 또는 500만원 이하의 벌금에 처한다.

② 봉함 기타 비밀장치한 사람의 편지, 문서, 도화 또는 전자기록등 특수매체기록을 기술적 수단을 이용하여 그 내용을 알아낸 자도 제1항의 형과 같다.

## 개인정보보호법

제2조(정의) 이 법에서 사용하는 용어의 뜻은 다음과 같다.

1. "개인정보"란 살아 있는 개인에 관한 정보로서 다음 각 목의 어느 하나에 해당하는 정보를 말한다.

가. 성명, 주민등록번호 및 영상 등을 통하여 개인을 알아볼 수 있는 정보

나. 해당 정보만으로는 특정 개인을 알아볼 수 없더라도 다른 정보와 쉽게 결합하여 알아볼 수 있는 정보. 이 경우 쉽게 결합할 수 있는지 여부는 다른 정보의 입수 가능성 등 개인을 알아보는 데 소요되는 시간, 비용, 기술 등을 합리적으로 고려하여야 한다.

다. 가목 또는 나목을 제1호의2에 따라 가명처리함으로써 원래의 상태로 복원하기 위한 추가 정보의 사용·결합 없이는 특정 개인을 알아볼 수 없는 정보(이하 "가명정보"라 한다)

제71조(벌칙) 다음 각 호의 어느 하나에 해당하는 자는 5년 이하의 징역 또는 5천만원 이하의 벌금에 처한다.

1. 제17조제1항제2호에 해당하지 아니함에도 같은 항 제1호를 위반하여 정보주체의 동의를 받지 아니하고 개인정보를 제삼자에게 제공한 자 및 그 사정을 알고 개인정보를 제공받은 자

선생님의 교육 활동, 존중해 주세요!

국어 시간에 선미는 갑자기 어제 본 드라마 텐트하우스 10화가 떠올랐어요. 너무 재미있어서 옆에 앉은 친구와 이야기를 하고 싶어졌어요. 친구의 옆구리를 쿡 찌르면서 "야, 어제 텐트하우스 봤어? 진짜 재밌지 않냐?" 하고 이야기를 시작했어요. 마침 친구도 봤다고 하니 더욱 신나서 이야기했지요.

이를 본 국어 선생님은 선미와 친구에게 조용히 하라고 주의를 시켰어요. 그런데 선생님 몰래 이야기를 계속하다가 너무 흥분한 나머지 목소리가 점점 커졌어요. 선생님은 선미와 친구에게 다시 조용히 하라고 했어요. 선미는 친구들 앞에서 선생님이 나무라니까 순간적으로 욱하는 마음에 선생님에게 심한 말을 내뱉고 교실을 나가버렸어요.

이렇게 선생님에게 욕을 하거나 심지어 주먹까지 휘두르는 경우, 선생님에게 성적 발언을 하는 경우까지 뉴스에 끊이지 않고 보도되고 있지요.

통계를 보면 교권 침해가 얼마나 발생하고 있는지 알 수 있어요. 전국

심한 욕을 하면 교육 활동 침해행위가 될 수 있어요

109

17개 시·도 교육청에서 국회에 제출한 '2016년부터 2020년 8월까지 교권 침해 현황' 자료에 따르면 학교 현장에서 발생한 교권 침해는 약 5년간 1만867건이에요. 교권 침해가 상당히 많이 일어나고 있다는 것을 알 수 있어요.

선생님의 교육 활동은 보호받아야 하는데, 이것을 침해하는 것을 '교육 활동 침해'라고 해요. 교원지위법에서 교육 활동 침해에 관한 내용을 규정하고 있어요. 교원지위법은 선생님의 지위를 향상시키고 교육 발전을 도모하기 위해서 1991년에 제정되었어요. 선생님에 대한 예우와 처우를 개선하고 신분보장과 교육 활동에 대한 보호를 강화하는 내용으로 만들어졌어요.

정확히 어떤 행동이 교육 활동 침해행위일까요? 교원지위법 제15조 제1항 제1호부터 제4호에 교육 활동 침해행위를 규정하고 있어요. 교육 활동 침해행위에는 상해, 폭행, 협박, 명예훼손, 모욕, 손괴, 성범죄 행위, 정보통신망법에 따른 불법정보 유통 행위, 교육 활동을 부당하게 간섭하거나 제한하는 행위 등이 있어요.

교육 활동 침해 행동을 한 학생은 어떻게 될까요? 교원지위법 제18조에 따라 교육 활동 침해 행동을 한 학생에게는 다음 조치가 내려져요. 학교 및 사회에서 봉사 활동, 특별교육 이수 또는 심리치료, 출석정지, 학급교체, 전학, 퇴학처분까지 내려질 수 있어요. 다만 퇴학처분은 의무교육과정에 있는 학생에게는 내릴 수 없어요.

선생님의 교육 활동을 침해하는 행동은 다른 학생들의 학습권을 침해하는 것이에요. 학교 분위기를 해치고 다른 학생들에게 좋지 않은 영향을 미치는 행동이지요. 나와 다른 친구들, 선생님이 모두 행복한 교실을 만들기 위해 선생님의 교육 활동을 존중해 주어야겠지요?

**교원의 지위 향상 및 교육 활동 보호를 위한 특별법(약칭: 교원지위법)**

제15조(교육 활동 침해행위에 대한 조치) ① 제3항에 따른 관할청과 「유아교육법」에 따른 유치원 및 「초·중등교육법」에 따른 학교(이하 "고등학교 이하 각급학교"라 한다)의 장은 소속 학교의 학생 또는 그 보호자 등이 교육 활동 중인 교원에 대하여 다음 각 호의 어느 하나에 해당하는 행위(이하 "교육 활동 침해행위"라 한다)를 한 사실을 알게 된 경우에는 즉시 교육 활동 침해행위로 피해를 입은 교원의 치유와 교권 회복에 필요한 조치(이하 "보호조치"라 한다)를 하여야 한다.

1. 「형법」 제2편제25장(상해와 폭행의 죄), 제30장(협박의 죄), 제33장(명예에 관한 죄) 또는 제42장(손괴의 죄)에 해당하는 범죄 행위

2. 「성폭력범죄의 처벌 등에 관한 특례법」 제2조제1항에 따른 성폭력범죄 행위

3. 「정보통신망 이용촉진 및 정보보호 등에 관한 법률」 제44조의7제1항에 따른 불법정보 유통 행위

4. 그 밖에 교육부장관이 정하여 고시하는 행위로서 교육 활동을 부당하게 간섭하거나 제한하는 행위

제18조(교육 활동 침해 학생에 대한 조치 등) ① 고등학교 이하 각급학교의 장은 소속 학생이 교육 활동 침해행위를 한 경우에는 해당 학생에 대하여 다음 각 호의 어느 하나에 해당하는 조치를 할 수 있다. 다만, 퇴학처분은 의무교육과정에 있는 학생에 대하여는 적용하지 아니한다.

1. 학교에서의 봉사

2. 사회봉사

3. 학내외 전문가에 의한 특별교육 이수 또는 심리치료

4. 출석정지

5. 학급교체

6. 전학

7. 퇴학처분

민주네 아침은 오늘도 전쟁터예요. 초등학교 4학년인 민주가 학교에 가기 싫다고 엄마에게 거부 의사를 강하게 표시하고 있기 때문이에요. 엄마는 그럴 때마다 난감하기만 해요. 엄마는 해결책을 찾기 위해서 민주에게 학교에 가기 싫은 이유를 물었어요. 그런데 민주는 대답하지도 않고 막무가내로 학교에 가지 않겠다고 버티고 있어요. 매일 학교에 가기 싫다고 하는 민주를 학교에 보내는 것이 여간 힘든 일이 아니지요.

민주네 엄마는 민주를 학교에 보내지 않아도 되는 걸까요? 헌법 제31조 제2항에 따라 모든 국민은 그 보호하는 자녀에게 적어도 초등교육과 법률이 정하는 교육을 받게 할 의무를 지고 있어요. 이렇듯 헌법에서 교육의 의무를 부과하고 있어 이와 관련된 법률 또한 제정되어 있는데요, 어떤 것이 있는지 살펴볼까요?

먼저 교육기본법은 교육에 관한 국민의 권리·의무 및 국가·지방자치단체의 책임을 정하고 교육제도와 그 운영에 관한 기본적 사항을 규정

## 엄마는 왜 억지로 나를 학교에 보낼까요?

하기 위해 제정된 법인데, 초등교육 6년과 중등교육 3년을 의무교육으로 정하고 있어요. 즉, 대한민국 국민이라면 초등학교와 중학교를 꼭 다녀야 해요.

다음으로 초·중등교육법은 국민의 초·중등교육에 관한 내용을 구체적으로 정하기 위해서 제정한 법인데, 초·중등교육법 제13조에는 취학 의무를 규정하고 있어요. 취학 의무는 모든 국민이 보호하는 자녀 또는 아동이 의무교육을 받을 수 있도록 해야 할 의무를 부과하고 있는 것이에요.

초·중등교육법에 따라 모든 국민은 보호하는 자녀 또는 아동이 6세가 된 날이 속하는 해의 다음 해 3월 1일에 그 자녀 또는 아동을 초등학교에 입학시켜야 해요. 그리고 초등학교를 졸업할 때까지 다니게 해야 하지요. 초등학교를 졸업하면 중학교에 입학시켜야 하고, 중학교를 졸업할 때까지 다니게 하여야 한다고 명시하고 있어요.

이렇게 헌법, 교육기본법, 초·중등교육법에 따라 민주네 엄마에게 민주를 학교에 보내야 할 의무가 있는 것이지요. 엄마가 학교에 가라고 하는 것은 듣기 싫은 잔소리가 아니라 국민의 의무인 것이에요.

만약 민주네 엄마가 민주를 학교에 보내지 않으면 이 법들을 위반하는 것이에요. 취학 의무를 위반하면 초·중등교육법 제68조 제1항 제1호에 따라 100만 원 이하의 과태료를 내야 해요.

모두가 의무를 다하지 않고 권리만 누리려고 한다면 우리 사회는 어지러워질 거예요. 의무는 지키지 않고 권리만 누릴 수는 없어요. 여러분도 대한민국 국민의 한 사람으로서 권리를 보장받으려면 의무를 다해야겠지요?

## 헌법

제31조 ① 모든 국민은 능력에 따라 균등하게 교육을 받을 권리를 가진다.

② 모든 국민은 그 보호하는 자녀에게 적어도 초등교육과 법률이 정하는 교육을 받게 할 의무를 진다.

③ 의무교육은 무상으로 한다.

## 교육기본법

제8조(의무교육) ① 의무교육은 6년의 초등교육과 3년의 중등교육으로 한다.

② 모든 국민은 제1항에 따른 의무교육을 받을 권리를 가진다.

## 초·중등교육법

제13조(취학 의무) ① 모든 국민은 보호하는 자녀 또는 아동이 6세가 된 날이 속하는 해의 다음 해 3월 1일에 그 자녀 또는 아동을 초등학교에 입학시켜야 하고, 초등학교를 졸업할 때까지 다니게 하여야 한다.

③ 모든 국민은 보호하는 자녀 또는 아동이 초등학교를 졸업한 학년의 다음 학년 초에 그 자녀 또는 아동을 중학교에 입학시켜야 하고, 중학교를 졸업할 때까지 다니게 하여야 한다.

제68조(과태료) ① 다음 각 호의 어느 하나에 해당하는 자에게는 100만원 이하의 과태료를 부과한다.

1. 제13조제4항에 따른 취학 의무의 이행을 독려받고도 취학 의무를 이행하지 아니한 자

선미는 수학 성적이 자꾸 떨어져서 엄마와 함께 수학 학원을 찾아갔어요. 상담을 받고 나니 유명한 학원인 만큼 잘 가르쳐 줄 것 같다는 생각이 들어서 학원에 등록했어요. 선미는 열심히 수학 학원에 다녔어요. 학원 친구들과도 친해지고 선생님도 잘 가르쳐서 수학 학원이 마음에 들었어요. 그러나 집안 사정으로 급히 이사하게 된 선미는 더는 학원에 다닐 수 없게 되었지요. 그래서 어쩔 수 없이 학원에 환불해 달라고 요청했어요. 그런데 학원에서는 개인 사유로 환불을 해줄 수 없다고 했어요. 선미는 학원비 환불을 못 받는 걸까요?

학원비를 환불받을 수 있는 사유에 해당하면 받을 수 있어요. 환불 사유는 학원법 시행령에 규정되어 있어요. 학원법 시행령 제18조 제2항 제3호에 따라 학습자가 본인의 의사로 수강 또는 학습장소를 포기한 때에도 환불을 받을 수 있어요. 따라서 선미는 개인 사유로 학원을 못 다니게 되었어도 환불을 받을 수 있지요.

또 다른 환불 사유는 학원의 등록이 말소되거나 교습소가 폐지된 경우로, 학원법 시행령 제18조 제2항 제1호의2에 규정되어 있어요. 학원 측(학원설립·운영자, 교습자 또는 개인과외교습자)에서 교습을 할 수 없거나 학습장소를 제공할 수 없게 된 경우는 학원법 시행령 제18조 제2항 제2호에 환불 사유로 정하고 있어요.

감염병에 관한 조치에 따라 학습자가 격리된 경우에도 학원비를 환불받을 수 있어요. 이 사유는 코로나19(COVID-19)로 인해 환불 사유에 포함되었어요.

위에서 말한 학원비 반환 사유에 해당하면 학원법 시행령 제18조 제3항에 따라 반환 사유 발생일부터 5일 이내에 교습비 등을 반환해 줘야 해요.

그럼 학원비는 얼마를 환불받을 수 있을까요? 선미처럼 이미 학원에 다니고 있었다면 전액 환불을 요청할 수는 없겠지요. 학원비 반환 기준은 학원법 시행령 별표4에서 정하고 있어요. 반환 사유마다 환불 기준을 다르게 정하고 있지요. 하나씩 살펴볼까요?

먼저 학습자가 본인의 의사로 수강 또는 학습장소를 포기한 경우의 환불 기준인데, 이 경우에는 학원 등록 기간에 따라서 환불 기준이 달라요.

학원등록 기간이 1개월 이내인 경우를 먼저 살펴봅시다. 교습을 시작하기 전이라면 전액을 환불받을 수 있어요. 총 교습시간의 1/3이 넘지 않았다면 이미 낸 학원비의 2/3에 해당하는 금액을 환불받을 수 있어요. 총 교습시간의 1/2을 넘지 않았다면 학원비의 1/2을 받을 수 있지요. 하지만 총 교습시간의 1/2이 넘었다면 환불을 받을 수 없어요.

학원등록 기간이 1개월을 넘는 경우를 살펴볼까요? 교습을 시작하기 전이라면 전액을 환불받을 수 있어요. 교습을 시작했다면 환불을 요청한 해당 월에는 위에서 말한 기준에 따라 계산을 한 후에 그 금액과 나머지 월의 학원비 전액을 더한 금액을 환불받을 수 있어요.

다음으로 학원의 등록이 말소되거나 교습소가 폐지된 경우의 환불 기준을 살펴보면, 학원비 총액을 날짜로 일할 계산해서 남은 수업일수에 해당하는 비용을 받을 수 있어요.

마지막으로 감염병에 관한 조치에 따라 학습자가 격리된 경우예요. 이때는 학원 수업 시작일부터 격리된 날의 전날까지를 제외하고 남은 수업일수에 해당하는 비용을 날짜로 일할 계산해서 받을 수 있어요.

지금까지 학원비 환불 금액을 계산하는 방법을 알아보았어요. 만약 학원에서 학원비를 환불해 주지 않고 버티면 어떻게 될까요? 환불해 주지 않으면 학원법을 위반한 것이고, 제23조 제1항에 따라 300만 원 이하의 과태료를 내야 해요.

그런데 만약 환불해 줄 금액이 과태료보다 비싸면 학원에서는 환불해 주지 않으려고 할 수도 있겠지요. 그럼 어떻게 해야 할까요?

한국소비자원을 통해서 피해 구제를 신청할 수 있어요. 한국소비자원은 소비자를 보호하고 피해를 구제하기 위해 설립되었어요. 소비자원에서는 소비자와 사업자 측이 합의할 것을 권고하고, 합의되지 않는다면 소비자분쟁조정위원회를 통해 조정해요. 사업자 측이 받아들이지 않는다면 소비자가 민사소송을 통해 구제받을 수 있도록 도움을 준답니다.

## 학원의 설립·운영 및 과외교습에 관한 법률(약칭: 학원법)

제18조(교습비등의 반환 등) ① 학원설립·운영자, 교습자 및 개인과외교습자는 학습자가 수강을 계속할 수 없는 경우 또는 학원의 등록말소, 교습소 폐지 등으로 교습을 계속할 수 없는 경우에는 학습자로부터 받은 교습비등을 반환하는 등 학습자를 보호하기 위하여 필요한 조치를 하여야 한다.

② 제1항에 따른 교습비등의 반환사유, 반환금액, 그 밖에 필요한 사항은 대통령령으로 정한다.

제23조(과태료) ① 다음 각 호의 어느 하나에 해당하는 자에게는 300만원 이하의 과태료를 부과한다.

10. 제18조에 따른 교습비등을 반환하지 아니한 자

## 학원의 설립·운영 및 과외교습에 관한 법률 시행령

제18조(교습비등의 반환 등) ② 법 제18조제2항에 따른 교습비등의 반환사유(이하 "반환사유"라 한다)는 다음 각 호와 같다.

1. 법 제5조의2(감염병에 관한 조치)에 따라 학습자가 학원으로부터 격리된 경우

1의2. 법 제17조제1항 및 제2항에 따라 학원의 등록이 말소되거나 교습소가 폐지된 경우 또는 교습의 정지명령을 받은 경우

2. 학원설립·운영자, 교습자 또는 개인과외교습자가 교습을 할 수 없거나 학습장소를 제공할 수 없게 된 경우

3. 학습자가 본인의 의사로 수강 또는 학습장소 사용을 포기한 경우

③ 제2항 각 호에 따른 반환사유가 발생한 경우에는 별표 4의 반환기준에 따라 반환사유 발생일부터 5일 이내에 교습비등을 반환하여야 한다.

# 온라인에서도
# 다른 사람을 존중해 주세요!

정보보호 / 성폭력범죄 / 보이스 피싱 /
과대광고 / 저작권 등에 관한 법

누군가 내 사진을
합성해 인터넷에
올렸어요!

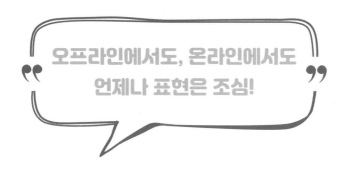

다혜는 같은 반 친구 수빈이가 얼굴을 보고 대화할 때와 인터넷 기사를 보고 댓글을 달 때 너무 다르다고 느낍니다. 얼굴을 보고 친구들과 다 같이 이야기할 때 수빈이는 즐겁고 유쾌한 친구인데, 언젠가 수빈이네 집에서 놀았던 날, 한 인터넷 기사를 보고 화를 내며 글을 쓰는 수빈이를 본 후 다혜는 친구인 수빈이가 전혀 다른 사람 같다고 생각하게 됐다고 해요.

수빈이는 기사에 '아~, ○○가 말이 돼? 뭐야, 정말 ○○같네'라는 댓글을 달고 있었고, 깜짝 놀란 다혜가 "야, 아무리 그래도 그렇지, 저렇게 쓰면 안 되지 않냐?"라고 하자, 수빈이는 "어차피 내 얼굴도 안 보이고, 내가 누군지도 모르는데 뭐 어때? 이렇게 써도 별거 없어."라며 대수롭지 않게 넘어가고 말았지만, 다혜는 어쩐지 수빈이가 다른 사람처럼 느껴졌어요.

수빈이의 말처럼 온라인 공간과 오프라인 공간의 가장 큰 차이점은 아마도 내 얼굴이나 모습, 이름, 나이, 성별 등을 보여 주거나 알리지 않고 다른 사람을 만날 수 있다는 점이에요. 이런 점 때문에 많은 사람이 온라인 공간에서는 오프라인 공간에서보다 더 자유롭게 자기 생각을 표현할 수 있지요.

하지만 이런 이유로 다른 사람을 깎아내리거나 상처를 줄 수 있는 표현을 하거나 어떤 집단에 대해 좋지 않은 표현을 서슴지 않고 하는 때도 있어요. 사실 오프라인 공간이었다면 바로 상대방이 화를 내거나 그런 표현을 하지 못하게 할 테지만, 온라인 공간에서는 그렇지 않기 때문에 많은 사람이 온라인 공간에서 좋지 않은 표현을 더 자주 사용하지요.

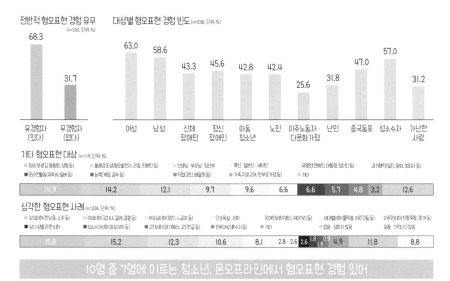

10명 중 7명에 이르는 청소년, 온오프라인에서 혐오표현 경험 있어

출처: 국가인권위원회, 「혐오표현에 대한 청소년 인식조사」, 2019. 05, 13쪽.

위의 조사 내용처럼 우리는 혐오표현이 특히 온라인에서 자주 있다는 점을 알고 있어요. 나쁜 행동이라는 것도 당연히 알고 있지요. 하지만 "이 정도로 뭐 처벌이냐." "그냥 다들 하는 얘긴데 뭐." 하고 생각하고 무심코 쓴 글들은 상대방과 글을 보는 다른 사람들을 불쾌하게 하고, 더 심할 때는 법적 처벌을 받을 수 있을 만한 행동이 되기도 해요.

만약 여러분이 인터넷 기사에 대한 댓글, 단체채팅방 대화에서 '누구인지 확실히 알 수 있는' 어떤 사람에게 '무뇌아'라고 했다거나, 비하 발언 등을 했다면 형법상의 '모욕죄' 또는 정보통신망법의 '(사이버)명예훼손죄'로 처벌을 받게 될 수 있어요. 만약 어떤 사실이나 거짓인 사실을 드러낸다면 명예훼손죄가 되고, 사실과 상관없는 단순한 자기의 감정표현이나 의견 등에 해당하는 말을 했다면 모욕죄가 돼요.

이렇게 특정한 개인에 대한 혐오표현이나 욕설 등은 법률상 처벌규정이 있지만, 특정되지 않은 집단에 대해 혐오표현을 한 사람에 대한 처벌규정은 우리나라에는 아직 없어요. 그래서 지금도 성별로 구분되는 남·녀 집단에 대한 혐오표현이나 성소수자 집단에 대한 혐오표현 등은 온라인 공간 내의 관련 신문기사나 글에서 심심치 않게 찾아볼 수 있어요.

그렇다면 외국의 경우는 어떨까요? 영국, 독일, 프랑스, 캐나다에서는 어떤 집단에 대한 차별 또는 혐오 발언을 하지 못하도록 하는 법률을 두고 있어요. 특히 '독일'에서는 혐오표현을 한 사람에 대한 처벌은 물론이고, 이 표현이 담긴 게시물을 게재하고 있는 SNS 서비스 사업자에게도 법적 책임을 지도록 하고 있지요.

세계 각국의 차별 및 혐오 발언 관련 규제 법률

| 순번 | 국가 | 법률 내용 |
|---|---|---|
| 1 | 독일 | - 일부 주민이나 민족·인종·종교적 집단 또는 민족성에 의해 분류된 집단에 대한 증오심을 선동하거나 이들에 대한 폭력적·자의적 조치를 촉구하거나 이들을 모욕 또는 악의로 비방하거나 허위사실에 의하여 명예를 훼손함으로써 인간의 존엄을 침해하는 내용을 담은 문서를 널리 퍼뜨리거나 게시, 전시하면 3년 이하의 징역 또는 벌금형에 처함.<br>- 2018년 1월부터 혐오표현 게시물을 24시간 이내에 삭제하지 않은 SNS 서비스 기업에 최대 650억 원의 벌금 부과 법안 시행 중 |

| 2 | 미국 | - 민권법을 근거로 인종, 종교, 성별, 출신 국가, 장애, 나이 등을 이유로 괴롭히는 행위를 금지함.<br>- 공립대학에서는 교수와 학생들의 차별적 발언을 규제하는 강령 운영 중 |
|---|---|---|
| 3 | 영국 | - 평등법을 근거로 나이, 장애, 성전환, 인종, 종교, 성별, 성적 지향, 신앙 등에 대한 언어적 괴롭힘을 규제<br>- 공공질서법(1986년 제정)을 근거로 인종적 혐오 선동 시 7년 이하의 징역형 또는 벌금형 선고 |
| 4 | 일본 | - 헤이트 스피치 억제법(2016년 시행)을 근거로 일본 외 출신자에 대한 혐오표현 금지, 위반 시 민사상 손해배상청구 가능 |
| 5 | 캐나다 | - 특정 집단에 대해 공개적으로 증오 선동, 선동 표현이 공동체의 평화를 훼손할 가능성이 있을 때는 2년 이하의 징역에 처함. |
| 6 | 프랑스 | - 인종과 성적 지향 등을 이유로 명예훼손 및 모욕성 언사를 하면 6개월 이상 1년 이하의 징역 또는 약 5,800만 원의 벌금형에 처함. |

※ 국가명은 가나다순

사실 우리나라에서도 2003년부터 집단에 대한 차별이나 혐오표현을 규제하기 위한 법을 만들려는 노력이 계속되어 오고 있지만, 아직껏 만들어지지 못했어요.

국가인권위원회의 '혐오표현에 대한 청소년의 인식조사'에 따르면, 조사 대상 청소년들의 80%는 혐오표현을 보거나 들었을 때 이런 표현이 '문제'라고 여기는 것으로 나타났고, 이런 표현들 때문에 사회 갈등이 더 심해지고 범죄로 이어질 가능성도 있다고 생각하고 있는 것으로 나타나기도 했어요. 그래서 청소년들은 혐오표현에 대한 정부의 대책이 필요하다고 생각하고 있었어요.

다만, 직접적인 처벌보다는 교육을 통한 혐오표현 자제 및 금지, 혐오표현이 나타난 온라인 사업장의 사업자가 혐오표현이 포함된 게시물과 작성자에 대한 규제 조치를 하는 것이 바람직하다고 응답했어요.

앞으로 어떤 대책이 어떻게 나올지 지켜봐야 하겠지만 먼저 온라인 공간을 사용하는 우리 스스로 표현의 자유를 누리면서도 타인을 배려하고, 다른 집단에 대한 혐오표현을 줄여나가는 노력을 하는 것이 민주사회를 살아가는 시민으로서의 바른 자세가 아닐까요?

 꼭 알아두어야 할 법률 상식

### 헌법

제21조 ① 모든 국민은 언론·출판의 자유와 집회·결사의 자유를 가진다.

② 언론·출판에 대한 허가나 검열과 집회·결사에 대한 허가는 인정되지 아니한다.

③ 통신·방송의 시설기준과 신문의 기능을 보장하기 위하여 필요한 사항을 법률로 정한다.

④ 언론·출판은 타인의 명예나 권리 또는 공중도덕이나 사회윤리를 침해하여서는 아니 된다. 언론·출판이 타인의 명예나 권리를 침해한 때에는 피해자는 이에 대한 피해의 배상을 청구할 수 있다.

### 형법

제311조 공연히 사람을 모욕한 자는 1년 이하의 징역이나 금고 또는 200만원 이하의 벌금에 처한다.

### 정보통신망 이용촉진 및 정보보호 등에 관한 법률

제70조 ① 사람을 비방할 목적으로 정보통신망을 통하여 공공연하게 사실을 드러내어 다른 사람의 명예를 훼손한 자는 3년 이하의 징역 또는 3천만원 이하의 벌금에 처한다.

② 사람을 비방할 목적으로 정보통신망을 통하여 공공연하게 거짓의 사실을 드러내어 다른 사람의 명예를 훼손한 자는 7년 이하의 징역, 10년 이하의 자격정지 또는 5천만원 이하의 벌금에 처한다.

③ 제1항과 제2항의 죄는 피해자가 구체적으로 밝힌 의사에 반하여 공소를 제기할 수 없다.

온라인 게임을 하다 보면 게임 내에서 다른 사람들을 만나고, 함께 게임을 하거나 게임에 관해 대화를 나누기도 하지요. 사실 게임 자체가 재미있기도 하지만 다른 사람과 함께 게임을 하고 게임에 관한 이야기를 나누는 것이 더 재미있어서 게임을 하는 사람들도 많고, 그렇게 알게 된 사람들과 또 다른 친구 모임을 만들기도 해요.

이렇게 재미있게만 게임을 하면 좋을 텐데, 거의 모든 게임의 결과는 승, 패로 나누어지기 때문에 지면 아쉽고 속상한 마음이 들고, 이기면 자신감도 생기고 신이 나요. 이겼을 때는 마냥 신나고 좋아만 하다가 다음 게임에서 지고 나면 "왜 졌을까?"에 대한 생각을 꼭 하지요. 나 때문에 졌다고 생각하면 미안하고 속상한 마음이지만, 내가 아니라 다른 사람 때문이라고 생각하면 화가 나고 따지고 싶은 마음이 들어요. 또 내가지고 상대방이 이긴 게임에서 상대방이 정정당당하지 않았다고 생각하면 더더욱 화가 나고 따지고 싶은 마음이 생겨요.

대화창이 없거나 목소리 전달이 안 된다면 아마도 여러분은 책상을

**128**

두드리거나 소리를 지르거나 베개에 화풀이할지도 모르지만, 대화창이 있다면 대화창에, 음성 전송이 된다면 마이크에 대고 상대방에게 화를 낼지도 몰라요.

속상한 마음을 표현하고 화를 내는 것은 누구든 할 수 있는 일이에요. 여기까지는 아무런 문제가 되지 않아요. 하지만 화를 내는 것을 넘어 상대방에게 욕을 한다면 법률적인 문제가 생길 수도 있어요. 형법 제311조에서는 다른 사람을 욕한 사람을 1년 이하의 징역이나 금고 또는 200만 원 이하의 벌금형에 처하도록 하고 있거든요.

물론 단순히 욕을 했다고 모두 처벌을 받거나 손해배상을 해야 하는 것은 아니지만, 다음의 몇 가지 경우에 해당한다면 처벌을 피하기 어려울 수도 있습니다. 어떤 경우인지 알아볼까요?

먼저 욕을 한 사람과 욕을 들은 사람 외에 다른 사람들이 이 욕설을 들었거나 보았어야 해요. 법에서는 이것을 '공연성'이라고 하고, 형법에서는 '공연히 상대방을 모욕한~'이라고 규정하고 있지요.

다음으로 욕을 한 사람이 욕을 들은 사람을 정확히 알고 있어야 해요. 이 부분은 조금 자세히 살펴보도록 해요. 아마도 여러분은 '아니, 어떤 바보가 자기가 욕하는 사람이 누군지도 모르고 욕을 하나요?'라고 생각하고 있을지도 모르겠습니다. 그런데 이 부분은 아주 중요합니다. 특히 온라인 게임상에서라면 더더욱 그렇지요.

온라인 게임을 하며 알게 된 사람들이라면 그 사람이 정확히 누구인지 모르고 있는 경우가 많아요. 서로 어디에 사는 누구인지, 이름은 무엇인지, 연락처는 어떻게 되는지 등을 알고 있다고 할 수 없는 사이일 테니까요.

그런데, 게임을 하다가 욕을 했다면 욕을 한 사람은 정확하게는 그 게임 속의 캐릭터 또는 가상의 인물에게 욕을 한 것이라고 할 수도 있잖아

요. 그래서 이런 경우에는 사실 여러분이 생각하는 법적 처벌을 받도록 하기 어려울 수 있어요. 하지만 욕을 들은 사람이라면 생각할수록 화가 나지요. 분명히 욕을 먹은 사람은 '나'라는 사람이니까요. 그러면 어떻게 해야 할지 한 번 생각해 볼까요?

앞에서 욕을 들은 사람이 정확히 누구인지 모르기 때문에 처벌할 수 없다고 했지요? 그렇다면 만약 욕을 들은 '나'라는 사람이 정확히 누구인지 알게 된다면? 네, 맞아요. 이런 경우라면 욕을 한 사람은 법적 처벌을 받을 수 있어요.

예를 들어볼게요. 만약 서로 아는 학교 친구, 학원 친구 등 이미 서로의 이름과 연락처, 사는 곳 등을 아는 친구들끼리 게임을 한 경우에는 욕을 한 친구가 욕을 들은 친구를 정확히 알고 있다고 할 수 있어요. 또 게임에서 처음 알게 된 사이라고 해도 욕을 들은 사람이 "나는 ○○○시 ○○동 ○○번지에 사는 ○○이고, 나이는 ○○살, ○○○○학교에 다니는 사람이다. 나에게 할 말이 있으면 내 앞에서 당당히 해라!"라고 밝혔고, 그 이후에도 욕을 계속한다면 욕을 한 사람이 자신이 욕한 사람이 누구인지 정확히 알고 했다고 할 수 있게 돼요.

마지막으로 형법에서는 '모욕'을 해야 했다고 규정하고 있어요. 모욕적인 말, 표현 등을 사용한 경우가 여기에 해당합니다. 이 '모욕적인 표현'은 어떤 누가 듣더라도 모욕적인 표현의 말이어야 합니다. 말 그대로 '욕설'을 한 경우라면 여기에 해당한다고 할 수 있겠지요?

하지만 이 세 가지 조건을 모두 충족하는 일이 생겼더라도 욕을 한 사람이 형사 미성년자로 만 14세가 되지 않았다면 형사처벌은 불가능하지만(만 10살이 넘었다면 보호처분은 받을 수 있어요), 만 14세 이상이라면(사건에 따라 차이는 있겠지만) 최대 징역 1년을 살거나, 벌금 200만 원까지 내야 하는 형사처벌을 받게 될 수 있어요. 그리고 피해자는 가해자에게 민사상 손해배상도 청구할 수 있어요.

 이렇게 모욕죄가 될 수 있는 조건을 알아두어 범죄에 대비하는 것은 꼭 필요한 일이고, 자신의 행동이 범죄가 될 수 있는지 아닌지를 알아두고 범죄 행위를 저지르지 않도록 하는 것도 물론 필요한 일이지만 그보다 더 중요한 것은 게임에서건 현실에서건 자신의 기분에 따라 상대방을 함부로 대하지 않는 태도를 갖추는 것이겠지요?

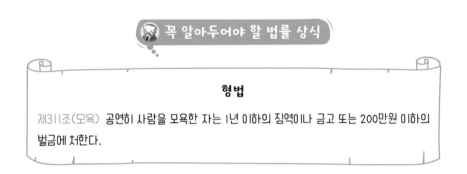

**꼭 알아두어야 할 법률 상식**

### 형법

제311조(모욕) 공연히 사람을 모욕한 자는 1년 이하의 징역이나 금고 또는 200만원 이하의 벌금에 처한다.

"야, 너 단톡 안 보냐? 이게 진짜! 빨리 읽고 답해라!"

누군가가 나에게 이런 내용의 메시지를 보낸다면 내 마음이 어떨까요? 그냥 이런 메시지를 받는다고 해도 무슨 일인지 걱정스럽고 두려운 마음이 들 거예요. 만약 이 메시지를 보낸 사람이 평소 나와 관계가 좋지 않거나 계속해서 나를 괴롭혀 온 친구라면 어떨까요? 맞아요! 더 두려운 마음, 내게 또 무슨 심한 말을 하려고 저러나 싶은 생각과 함께 단톡이라는 말에 나에게 좋지 않은 말을 한 사람들이 1명이 아닐 수 있다는 생각이 들어 마음은 더욱 무거워질 수밖에 없겠지요.

단톡방을 열어보니, 결국 걱정이 사실이 되었네요. 차마 입에 담기도 어려운 욕설, 폭언 등이 쏟아져 나오기 시작했어요.

'요즘 안 건드렸더니 ○나 나대네.'

'병○○이 나대고 ○랄이다.'

'너 절대 혼자 죽지 마라. 우리가 죽여 줄 테니.'

'○○! 미친!!!'

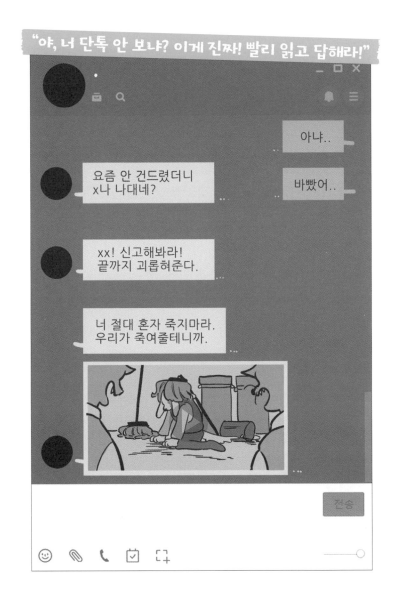

"야, 너 단톡 안 보냐? 이게 진짜! 빨리 읽고 답해라!"

아냐..

바빴어..

요즘 안 건드렸더니
x나 나대네?

xx! 신고해봐라!
끝까지 괴롭혀준다.

너 절대 혼자 죽지마라.
우리가 죽여줄테니까.

전송

134

이런 메시지와 함께 이 단톡방에는 피해 학생이 맞는 모습, 괴롭힘을 당하고 있는 모습의 영상과 사진들이 올라오기도 했다면 어떨까요? 또 연속해서 저런 메시지가 10명이 넘는 사람들, 그것도 나와 같은 반에 있는 친구들이나 나와 친했던 친구들에게서 온다면 어떨까요? 그리고 친구들이 있는 단톡방에 공개되기 원하지 않았던 자신의 사진과 영상이 올라온다면 과연 그 마음은 어떨까요?

위의 메시지 내용은 실제로 피해 학생이 자신의 친구들에게서 받은 메시지 내용이었다고 해요. 메시지뿐만 아니라 다른 SNS에서도 피해 학생의 사진이나 글에 메시지 내용과 비슷한 글을 남기기도 했어요. 그러니 피해 학생 입장에서는 메신저로 무엇인가 하기도 두렵고, 다른 SNS 활동을 하는 것도 무서웠을 것입니다. 사진과 영상도 마찬가지였어요. 결국 이 학생은 정신적 충격을 이기지 못하고 치료를 받아야 하는 상태가 되었고, 한동안 학교에도 나갈 수 없었어요.

그렇다면 이렇게 어떤 한 사람을 심하게 괴롭혔다면 과연 어떤 처벌을 받게 될까요? 위의 메시지 내용처럼 구체적인 사실이 아닌 내용, 욕설 등이 친구들 단톡방에 올라왔다면 이 행동은 형법상의 모욕죄에 해당해 1년 이하의 징역이나 금고, 또는 200만 원 이하의 벌금형에 처해질 수 있어요.

또한 피해 학생이 괴롭힘을 당하고 있는 모습, 구타당하는 모습 등이 찍힌 사진이나 영상을 올렸다면, 정보통신망 이용촉진 및 정보보호 등에 관한 법률 제70조 제1항에 따라 3년 이하의 징역 또는 3천만 원 이하의 벌금형을 받을 수 있어요.

하지만 친구의 몸과 마음을 다치게 한 행위는 이미 벌어진 일이고 가해 학생들을 처벌한다고 해서 그 상처가 바로 지워지지는 않아요. 마음의 상처는 몸의 상처보다 오래가고, 쉽게 잊히지 않으니까요. 아마도 이 친구의 마음 상처는 가해 학생들의 진심 어린 사과가 있었을 때, 조금씩 없어지기 시작할 거예요.

그리고 또 하나! 처벌은 결코 피해 학생에게서 용서도 받았음을 의미하는 것은 아니에요. 간혹 범죄를 저지른 사람들이 자신이 처벌을 받았다는 이유로 모든 책임을 진 것으로 생각할 수가 있을 거예요. 하지만 처벌은 국가가 범죄 행위를 한 사람에 대해 내리는 벌일 뿐이에요. 즉 피해를 본 사람에게 진심으로 사죄하고 직접 용서를 받지 않는 한, 자기가 저지른 일에 대한 모든 책임을 진 것은 아니지요.

그리고 피해를 본 사람이 형사처벌과는 별개로 민사소송을 제기해서 손해배상을 받고자 한다면 민사상 손해배상책임을 지고 피해 학생에게 금전적인 배상도 해야만 해요.

꼭 알아두어야 할 법률 상식

### 정보통신망 이용촉진 및 정보보호 등에 관한 법률

제70조(벌칙) ① 사람을 비방할 목적으로 정보통신망을 통하여 공공연하게 사실을 드러내어 다른 사람의 명예를 훼손한 자는 3년 이하의 징역 또는 3천만원 이하의 벌금에 처한다.
② 사람을 비방할 목적으로 정보통신망을 통하여 공공연하게 거짓의 사실을 드러내어 다른 사람의 명예를 훼손한 자는 7년 이하의 징역, 10년 이하의 자격정지 또는 5천만원 이하의 벌금에 처한다.
③ 제1항과 제2항의 죄는 피해자가 구체적으로 밝힌 의사에 반하여 공소를 제기할 수 없다.

### 형법

제311조(모욕) 공연히 사람을 모욕한 자는 1년 이하의 징역이나 금고 또는 200만원 이하의 벌금에 처한다.

내 얼굴은 맞지만,
내가 아니에요!

　　"우와, 청하 언니 춤 정말 잘 춘다! 나도 춤을 잘 추면 이런 영
상 찍어 올릴 텐데…."

　여러분이 만약 이런 생각을 한다면 아주 간단히 그 꿈을 이룰 수 있을
것 같아요! 춤을 추고 있는 연예인의 모습에 여러분의 얼굴만 딱! 오려
붙여서 여러분이 마치 춤을 추고 있는 사람인 것처럼 만들 수 있는 영상
기술이 있거든요. 맞아요. 바로 '합성 기술'이지요. 이 기술은 사진에도
적용할 수 있고 영상에도 가능해요.

　좋은 장비를 가지고 여러분의 얼굴을 아주 다양한 각도에서 다양한
표정으로 찍은 영상, 사진을 딥러닝하여 연예인이 춤을 추고 있는 영상
에 프레임 단위로 합성을 시키는 방법으로 영상을 만들 수 있어요. 내
얼굴에 대한 데이터가 자세하고 많으면 많을수록 아주 정교한 작업이
가능해서 더욱더 자연스러운 사진이나 영상이 만들어지거든요.

　이런 영상편집물을 딥페이크라고 부르지요. 바로 딥러닝(Deep
learning)과 가짜(Fake)의 합성어예요. 말 그대로 딥러닝 기법이라는 인

공지능을 기반으로 한 인간 이미지 합성 기술, 즉 가짜 영상편집물이라는 의미예요. 생각만 해도 재미있고 신기한 기술이죠? 사실 여러분도 아주 가까운 곳에서 이런 영상을 쉽게 볼 수 있어요. 바로 영화 속 CG처리처럼 말이에요.

즐거움을 줄 목적으로 또는 교육 목적으로 이 기술을 활용한 영상편집물을 만드는 것은 분명, 이 기술을 누리는 현대인들에게 아주 유용하고 좋은 일이에요. 하지만 이 기술을 이용해서 다른 사람을 고통에 빠트리고 괴롭게 하는 사람들도 있다고 해요.

혹시 '지인 능욕'이라는 말을 들어본 적이 있나요? 자신이 원래 알고 있던 동창, 친구 등 지인의 사진을 가지고 우리가 지금까지 이야기해 온 합성 기술을 이용해서 성적 사진이나 영상편집물을 만들어 커뮤니티나 단체채팅방, 음란물 사이트 등에 올려 그 모습을 조롱하며 즐기는 것을 일컫는 말이에요.

또 지인뿐만 아니라 정치인이나 연예인 등을 대상으로 만들어진 영상편집물도 많아요. 상대적으로 이미지 데이터가 공개된 것이 많아 딥러닝할 자료가 풍부해서 더 진짜처럼 만들 수 있기 때문이에요.

하지만, 이런 성적 사진이나 영상편집물은 더는 '재미있고 유용한' 자료가 아니고, 이런 사진이나 영상편집물을 만드는 행위는 다른 사람을 고통스럽게 하는 범죄예요. 실제로 우리나라는 법률 개정을 통해 2020년 6월 25일부터 성폭력범죄의 처벌 등에 관한 특례법으로 반포 등을 할 목적으로 이와 같은 영상물을 만들고 유포시킨 사람은 형사처벌을 받도록 했고, 이런 영상물의 제작과 유포의 목적이 만약 돈을 벌고자 하는 것이었다면 더 강한 처벌을 받을 수 있도록 하고 있어요. 여기에서 '반포 등' 이란 반포(세상에 널리 퍼뜨려 알게 함)뿐만 아니라 판매·임대·제공 또는 공공연하게 전시·상영하는 경우를 말해요.

한편으로 이런 사진이나 영상편집물을 만들고 소비하며 조롱하는 사람들은 스스로 가해자라는 생각을 하지 않는 것 같아요. 어째서 본인이 가해자라고 생각하지 않는지 이상하다고요? 그들은 자신이 '성착취'를 한 것도 아니고, '성폭력'을 행사한 것도 아니며, 그런 사진이나 영상물은 어차피 '가짜'니까 자신들은 잘못한 것이 없다는 생각을 하고 있다고 해요.

정말 그럴까요? 자신들은 그저 그런 사진과 영상물을 만들고 공유하며 조롱하고 재미있어 하는 것으로, 또는 그 행위를 통해서 돈을 버는 것으로 만족하고 즐거웠는지 몰라도 그 사진과 영상물의 합성 대상이 된 사람들도 과연 단순히 그 사진과 영상이 '가짜'니까 아무런 감정도, 생각도 들지 않을까요?

사실 이 딥페이크 사진이나 영상물들은 '가짜'가 확실하지만 절대 가짜처럼 보이지 않아요. 즉, 그 사진이나 영상물을 본 사람들은 진짜로 알고 볼 수도 있고 피해자가 된 그 사진과 영상물의 당사자를 모르기 때문에 피해자의 평판이나 명예를 더럽힐 수 있어요.

자신의 딥페이크 사진이나 영상이 있다는 것을 알게 된 피해자들은 당연히 스스로 찍거나 찍히지 않은 사진 또는 영상물 때문에 고통스러워하고, 어디서부터 어떻게 이 사진이나 영상물을 없애야 하는지, 완전히 이것들이 없어지기는 할지, 다른 사람들이 이것들을 보았으면 어떻게 해야 하는지를 고민해야 합니다.

그러면 생각해 봐요. 대체 그 피해자는 왜 이런 힘든 일들을 겪어야 할까요? 아무 잘못도 없고 아무것도 한 것이 없는데도, 정말 억울하게 자신의 명예가 더럽혀졌고 정신적 고통을 받았으며, 불필요한 고민을 해야만 했고 불필요하게 시간과 돈을 낭비해야 했어요. 이 모든 것이 그 사람에게 '피해'가 된 것이지요.

딥페이크 사진이나 영상물을 만들고 유포한 사람들 때문에, 그리고 그것을 보고 즐기는 사람들의 그 순간적 재미와 욕구를 위해 어떤 한 사람이 이와 같은 피해를 봐도 되는 것일까요?

온라인 공간에서는 내 얼굴이, 내 신분이 쉽게 공개되지 않기 때문에 오프라인 공간에서보다 훨씬 자유롭고 다양한 의사 표현이 가능하고 훨씬 다양한 기술을 사용하여 흥미로운 것들을 만들어 내고 공유할 수 있습니다. 하지만 이런 점을 이용해서 남을 고통스럽게 하고 불필요한 시간과 금전 낭비를 하게 하는 것은 결코 올바른 행동이라고 할 수 없어요.

결국 딥페이크 사진이나 영상물을 만들고 퍼트려서 다른 사람에게 피해가 발생하도록 했다면 만들고 퍼트린 사람은 '가해자', 그 사진과 영상에 합성된 당사자는 '피해자'가 되는 것이고, 이 행위 자체도 당연히 범죄 행위가 되고 가해자는 처벌을 받게 될 거예요.

꼭 알아두어야 할 법률 상식

### 성폭력범죄의 처벌 등에 관한 특례법

제14조의 2(허위영상물 등의 반포 등) ① 반포 등을 할 목적으로 사람의 얼굴·신체 또는 음성을 대상으로 한 촬영물·영상물 또는 음성물을 영상물 등의 대상자의 의사에 반하여 성적 욕망 또는 수치심을 유발할 수 있는 형태로 편집·합성 또는 가공한 자는 5년 이하의 징역 또는 5천만원 이하의 벌금에 처한다.

② 제1항에 다른 편집물·합성물·가공물 또는 복제물을 반포 등을 한 자 또는 제1항의 편집 등을 할 당시에는 영상물 등의 대상자의 의사에 반하지 아니하는 경우에도 사후에 그 편집물 등 또는 복제물을 영상물 등의 대상자의 의사에 반하여 반포 등을 한 자는 5년 이하의 징역 또는 5천만원 이하의 벌금에 처한다.

③ 영리를 목적으로 영상물 등의 대상자의 의사에 반하여 정보통신망을 이용하여 제2항의 죄를 범한 자는 7년 이하의 징역에 처한다.

④ 상습으로 제1항부터 제3항까지의 죄를 범한 때에는 그 죄에 정한 형의 2분의 1까지 가중한다.

호기심이
범죄가 되는 순간

여러분은 언젠가부터 화장실에 갈 때도, 탈의실에서 옷을 갈아입을 때도 한 번쯤 '누가 볼까'보다 '누가 찍을까' 걱정을 한 적이 있나요? 아마 그것은 내 몸을 몰래 찍은 불법 촬영물이 만들어질 수도 있다는 것을 알기 때문일 거예요.

'누가 볼까'보다 '누가 찍을까'를 걱정하는 이유는 찍힌 영상이나 사진이 인터넷상에 퍼질 수 있고, 이를 많은 사람이 볼 수도 있다는 점 때문이에요. 그냥 누가 한 번 휙 본 것이 아니라 오래도록 남을 수도 있으니까요.

친구와 재미있는 사진이나 영상을 함께 보며 행복했던 순간을 이야기하고, 급한 서류를 빠르게 전송하거나, 2021년 현재와 같이 전염병 문제로 직접 만나기 힘들 때 그리운 얼굴을 볼 수 있는 것은 모두 기술의 발달, 그중에서도 인터넷과 이를 활용한 휴대기기의 개발 덕분이라고 할 수 있어요.

그러나 이런 목적과 완전히 다른 정반대의 문제점들이 생기기 시작했어요. 비뚤어진, 절대 용납할 수 없는 개인적인 성적 욕망이나 호기심을 채우기 위한 목적으로 여성이 옷을 갈아입는 모습이나 용변을 보는 모습을 몰래 촬영하거나, 그런 영상물을 받아보거나, 돈을 벌 목적으로 그 영상물을 다른 사람이 볼 수 있도록 하는 등의 문제점 말이에요.

사실 직접 발견하는 경우는 많지 않지만 우리가 자주 사용하는 공중화장실, 버스나 지하철 안, 길거리, 숙박업소 등 장소를 가리지 않고 휴대기기를 이용한 불법 촬영이 생기곤 해요.

여러분도 공중화장실을 이용하면서 한 번쯤 이런 문구를 본 적이 있을 거예요.

"몰카 범죄, ○년 이하의 징역 또는 ○천만 원 이하의 벌금형에 처해질 수 있습니다."

"남의 몸을 몰래 찍으면 ○년 이하의 징역 또는 ○천만 원 이하의 벌금형에 처해질 수 있습니다."

"몰카 범죄, 신고가 예방입니다!"

그렇지만 이런 표어가 붙었는데도 얼마 전에는 한 개그맨이 그가 소속된 모 공영방송국의 화장실에서 불법 촬영을 하다가 잡히기도 했고, 한 방송국 앵커가 지하철에서 여성의 신체를 불법 촬영하다가 잡히기도 했어요. 또 경상남도에 있는 모 중·고등학교의 여자 화장실에서도 몰래 설치한 카메라가 발견되어 이를 설치한 현직 교사 2명이 잡히기도 했어요. 이와 같은 일이 발생하자 교육부에서는 2020년 7월, 전국 초·중·고등학교 교내의 불법 촬영 카메라 설치 여부에 대한 전수 조사를 실시할 계획이 있음을 밝히기도 했어요.

이제 학교도, 지하철도, 여행 중에 하루 묵어갈 안락한 공간도 안전하지 못한 것일까요? 우리는 사실 누군가 우리의 일상을 몰래 들여다본다고 해도 썩 유쾌하지는 않아요. 또, 평범한 모습, 즉 어딘가를 멍하니 보

아니, 대체 이런 걸 왜 찍는 거야? 가만두면 안 되겠네!

고 있다거나 웃고 있다거나 화를 내고 있다거나 하는 모습들을 나의 동의 없이 몰래 촬영해도 기분이 좋지 않을 때가 있어요. 그런데 하물며 나의 몸이 드러난 사진이나 영상, 성적으로 지극히 개인적인 모습이 담긴 사진이나 영상이 나의 동의 없이 몰래 촬영되었다면 당연히 창피하고 기분 나쁠 수밖에 없어요.

자신의 개인적인 만족을 위해서건, 어떤 목적을 가졌건 다른 사람을 몰래 촬영하는 행위, 그중에서도 특히 성적인 부분이 강조되거나 성적인 수치심이 생기게 하는 행위는 그냥 단순히 '찍은' 것이 아니라 '범죄' 행위입니다.

최근 이와 같은 범죄 행위가 날로 늘어가고 있어요. 2008년부터 2018년까지의 데이터가 담긴 '2020 성범죄자 백서'에 따르면, 카메라 등 이용 촬영 범죄는 같은 범죄를 다시 저지르는 경우가 80%에 가깝고, 이 범죄로 벌금형이 선고되는 경우가 56.5%, 집행유예가 선고되는 경우가 30.3%, 징역형이 선고되는 경우가 8.8% 정도인 것으로 나타났다고 해요.

설사 징역형이 선고된다고 해도 '카메라 등 이용 촬영' 범죄에는 1년이 채 못 되는 기간의 징역형이 내려지는 경우가 53.5%로, 보통 이렇게 처벌 수위가 높지 않다는 점을 악용해서 계속 같은 행동을 하는 것이 아닐까 싶어요.

우리나라에서는 여기에 대응해서 '성폭력범죄의 처벌 등에 관한 특례법' 상 카메라 등을 이용한 촬영 범죄에 대한 처벌의 수위를 점점 높이고 있어요.

| | 2018년 12월 이전 | 2018년 12월 개정 후 | 현행 규정 |
|---|---|---|---|
| 징역 | 5년 이하 | 5년 이하 | 7년 이하 |
| 벌금 | 1천만 원 이하 | 3천만 원 이하 | 5천만 원 이하 |

그러니까 이제는 이런 사진이나 영상을 몰래 찍으면 그 찍는 행위만으로도 최대 징역 7년, 벌금 5천만 원까지 선고받을 수 있지요. 그리고 찍은 불법 촬영물을 팔거나 어딘가에 올려서 돈을 벌려고 했다면 3년 이상의 유기징역형을 받아요. 촬영 그 자체만으로도 범죄인데, 그것을 이용해서 돈까지 벌려고 하는 행동은 더 강한 처벌을 받아야 마땅하겠지요? 물론 처벌의 강도를 높인다고 해서 모든 범죄가 바로 뿌리뽑히는 것은 아니지만 이제 불법 촬영행위를 해도 결코 가볍게 넘어갈 수 없음을 명확히 했다는 점에서 의미가 있다고 할 수 있어요.

  **꼭 알아두어야 할 법률 상식**

### 성폭력범죄의 처벌 등에 관한 특례법

제14조(카메라 등을 이용한 촬영) ① 카메라나 그 밖에 이와 유사한 기능을 갖춘 기계장치를 이용하여 성적 욕망 또는 수치심을 유발할 수 있는 사람의 신체를 촬영대상자의 의사에 반하여 촬영한 자는 7년 이하의 징역 또는 5천만원 이하의 벌금에 처한다.

② 제1항에 따른 촬영물 또는 복제물(복제물의 복제물을 포함한다. 이하 이 조에서 같다)을 반포·판매·임대·제공 또는 공공연하게 전시·상영(이하 "반포 등"이라 한다)한 자 또는 제1항의 촬영이 촬영 당시에는 촬영대상자의 의사에 반하지 아니한 경우(자신의 신체를 직접 촬영한 경우를 포함한다)에도 사후에 그 촬영물 또는 복제물을 촬영대상자의 의사에 반하여 반포 등을 한 자는 7년 이하의 징역 또는 5천만원 이하의 벌금에 처한다.

③ 영리를 목적으로 촬영대상자의 의사에 반하여 「정보통신망 이용촉진 및 정보보호 등에 관한 법률」 제2조 제1항 제1호의 정보통신망(이하 "정보통신망"이라 한다)을 이용하여 제2항의 죄를 범한 자는 3년 이상의 유기징역에 처한다.

음란물이 아니라
성착취물입니다

2020년 3월 우리나라 전체를 떠들썩하게 한 사건이 있었어요. 이른바 'N번방 사건'이라고 불리는 사건이 바로 그것이에요. 2018년부터 2020년까지 텔레그램과 같은 모바일 메신저 어플로 여성들을 유인, 아르바이트를 하면 상품권이나 사이버머니를 준다고 속이거나 그들의 SNS상의 노출 사진 등을 가지고 협박하여 성착취물을 촬영하게 한 다음 이를 전송받아 유포한 사람들이 잡힌 거예요.

세간에 박○, 갓○, 와○맨 등으로 불린 이 가해자들의 범죄 사실에 모든 국민이 충격을 받고 또 분노했어요. 충격과 분노를 자아낸 이유는 크게 두 가지였어요. 첫째, 약 70명 정도 되는 피해자 중에 16명의 미성년자도 있었다는 점, 둘째, 이 N번방에 접속한 회원 수가 수만 명에 이른다는 점이었어요. 우리 모두가 아동 또는 청소년기에 있으면서 조금 더 보호받고 더 성장해야 할 아이들이 범죄의 대상이 되었다는 점에서 안타까움을 느끼고, 이런 추악한 착취물을 보려고 복잡한 방법을 거쳐 접속한 사람들이 수만 명이라는 데에서 참을 수 없는 분노를 느낄 수밖에 없었어요.

그런데 이 성착취물들은 기존의 불법 촬영물과는 달리 가해자가 피해자를 촬영한 것이 아니라 피해자들이 스스로 자기 자신을 촬영한 것이었다고 해요. 아마도 가해자들은 자신들이 직접 촬영한 것이 아니었음을 주장하고 싶었던 것 같아요. 하지만 그렇다고 하더라도 가해자들이 피해자들에게 했던 '협박'이 없어지는 것은 아니지요. 애초에 그 협박이 없었다면 피해자들은 스스로 그런 영상을 찍어서 가해자들에게 넘기지 않았을 테니까요.

자, 그럼 성착취물을 본 사람들에게는 아무런 책임이 없을까요? 이 점에 대해 생각해 볼 필요가 있어요. 이 사건에서와 같은 성착취물을 업로드한 가해자들이 원했던 것은 무엇이었을까요? 무엇 때문에 피해자들을 협박까지 해서 성착취물들을 받았을까요?

답은 생각보다 아주 간단합니다. 돈 때문이었어요. 성착취물들이 돈이 되는 이유는 바로 이것을 소비하는 사람들이 있기 때문이에요. 만약 이런 성착취물을 소비하는 사람이 없다면? 맞아요. 가해자들도 피해자들을 협박해 성착취물을 공급하지 않았겠지요. 돈이 되지 않으니까요.

즉, 자신들의 노력 없이 다른 사람을 협박하고 괴롭혀서 쉽게 돈을 버는 방법으로 이와 같은 범죄 행위를 선택했던 사람들은 당연히 가해자이고 처벌을 받는 것이 당연합니다. 마찬가지로 성착취물인 줄 알면서도, 누군가는 수치심 때문에 목숨을 끊을 결심까지 한다는 것을 알면서도 이런 성착취물이나 불법 촬영 영상을 보는 사람들 역시 가해자이고, 처벌을 받아 마땅해요.

그렇다면 성착취물을 찍도록 강요한 사람과 이런 영상물을 본 사람들은 어떤 처벌을 받을지에 대해 알아볼까요? 먼저 여성들의 SNS상의 노출 사진이나 그런 영상을 가지고 협박을 해서 피해자 스스로 성착취물

# 협박을 받아 제 사진을 찍어 보내게 됐어요!

을 촬영하도록 했다면 성폭력범죄의 처벌 등에 관한 특례법 제14조의3 제2항에 따라 3년 이상의 유기징역형을 받아요. 아무리 적게 형을 받아도 3년 동안 교도소에 갇혀 있어야 하지요. 만약 이런 행위를 상습적으로 저지른 사람이라면? 정해진 형의 1/2까지 더해져서 처벌을 받고요.

다음으로 이런 성착취물을 본 사람들은 어떤 처벌을 받는지 알아볼까요? 성착취물은 비록 촬영 당시에 피해자 스스로 촬영한 영상이기는 하지만 피해자들은 이 영상이 퍼지기를 원하지는 않았을 거예요. 하지만 그 영상들은 퍼졌고 피해자들은 고통을 받아야 했어요. 사실 2020년 5월 19일 이전에는 이런 영상을 가지고 있거나 보는 사람들을 따로 처벌하는 규정을 두고 있지는 않았어요. 이 N번방 사건 이후로 성착취물 영상이나 불법 촬영 영상을 가지고 있거나 샀거나 저장해 두고 있거나 본 사람들도 처벌을 받게 되었어요. '성폭력범죄의 처벌 등에 관한 특례법'이 개정되었거든요.

이 법에 따르면 성착취물이나 불법 촬영 영상을 가지고 있거나 샀거나 저장했거나 본 사람도 3년 이하의 징역형 또는 3천만 원 이하의 벌금형을 받아요. 따라서 이런 영상을 보기만 해도 최대 3년 동안 교도소에 갇히거나 최대 3천만 원의 벌금을 내야 해요.

마지막으로, '미성년자'인 사람을 상대로 성착취물을 제작한 사람은 어떤 처벌을 받는지 알아볼까요? 우리나라의 '아동·청소년의 성보호에 관한 법률'은 만 19세가 되지 않은 사람들을 아동·청소년으로 규정하고 있어요. 이 법에는 아동·청소년대상 성범죄의 처벌과 절차에 관한 특별한 규정을 두어 이들을 성범죄로부터 보호하고 건강한 사회구성원으로 성장할 수 있도록 하고 있어요. 그리고 아동·청소년 대상 성범죄를 저지른 자들은 이 법에 따라 처벌을 받아요.

이 법 제11조에 따르면, 아동·청소년 성착취물(성착취물에 촬영된 사

람이 아동·청소년인 성착취물)을 만든 사람은 무기징역 또는 5년 이상
의 유기징역형을 받을 수 있어요. 돈을 벌 목적으로 이런 성착취물을 팔
거나 빌려주거나 광고를 해도 5년 이상의 징역에 처해요. 즉, 아무리 적
게 처벌을 받는다고 해도 5년은 교도소에 갇혀 있어야 해요.

그렇다면 아동·청소년 성착취물을 본 사람에 대해서는 어떤 처벌이
내려질까요? 아동·청소년 성착취물을 돈을 주고 사거나, 아동·청소년
성착취물이라는 것을 알면서 성착취물을 가지고 있거나 본 사람은 최소
1년 이상은 교도소에 갇혀 있어야 해요.

성착취물의 대상이 성인일 경우와 아동·청소년일 경우로 나누어 표
로 정리해 보면 다음과 같아요.

〈성착취물의 대상별 처벌 정도〉

| 대상 | 아동·청소년(0세~만 18세) | 성인(만 19세~) |
| --- | --- | --- |
| 성착취물 제작 | 최소 5년~최대 무기징역 | 최대 7년 징역 또는<br>최대 5천만 원 벌금 |
| 성착취물 구매,<br>소지 및 시청 등 | 최소 1년 이상 징역 | 최대 3년 징역 또는<br>최대 3천만 원 벌금 |

이렇게 아동·청소년 성착취물은 일반 성착취물에 비해 처벌의 강도
가 강한 편이에요. 아동·청소년은 성인만큼의 판단력을 아직 갖추지 못
했고, 신체적·정신적으로도 아직 더 성장해야 할 시기이기 때문에 성인
에 비해 더 보호받아야 한다는 점을 고려했어요.

아직 충분히 성장하지 못한 아동·청소년을 성착취의 대상으로 삼았
다는 것은 성인을 대상으로 한 동일 범죄보다 의도와 죄질이 나쁘다고
볼 수밖에 없어요. 그리고 피해자가 느끼는 피해 역시 성인도 감당하기
어려운 것이어서, 사회적 경험과 지식이 아직 부족하고 미성숙한 상태

의 아동·청소년이 느끼는 피해는 그들 입장에서 더더욱 감당하기 어렵지요.

그렇기 때문에 아동·청소년 성착취물을 만든 사람, 유포하고 판매한 사람, 아동·청소년을 대상으로 한 성착취물인 것을 알면서도 구매한 사람, 저장한 사람, 시청한 사람들을 일반 성착취물을 제작·유포·판매·구매·저장·시청한 사람보다 강하게 처벌하는 것은 당연한 일인 것입니다.

### 성폭력범죄의 처벌 등에 관한 특례법

제14조(카메라 등을 이용한 촬영) ① 카메라나 그 밖에 이와 유사한 기능을 갖춘 기계장치를 이용하여 성적 욕망 또는 수치심을 유발할 수 있는 사람의 신체를 촬영대상자의 의사에 반하여 촬영한 자는 7년 이하의 징역 또는 5천만원 이하의 벌금에 처한다.
② 제1항에 따른 촬영물 또는 복제물(복제물의 복제물을 포함한다. 이하 이 조에서 같다)을 반포·판매·임대·제공 또는 공공연하게 전시·상영(이하 "반포 등"이라 한다)한 자 또는 제1항의 촬영이 촬영 당시에는 촬영대상자의 의사에 반하지 아니한 경우(자신의 신체를 직접 촬영한 경우를 포함한다)에도 사후에 그 촬영물 또는 복제물을 촬영대상자의 의사에 반하여 반포 등을 한 자는 7년 이하의 징역 또는 5천만원 이하의 벌금에 처한다.
④ 제1항 또는 제2항의 촬영물 또는 복제물을 소지·구입·저장 또는 시청한 자는 3년 이하의 징역 또는 3천만원 이하의 벌금에 처한다.

제14조의 3(촬영물 등을 이용한 협박·강요) ① 성적 욕망 또는 수치심을 유발할 수 있는 촬영물 또는 복제물(복제물의 복제물을 포함한다)을 이용하여 사람을 협박한 자는 1년 이상의 유기징역에 처한다.
② 제1항에 따른 협박으로 사람의 권리행사를 방해하거나 의무 없는 일을 하게 한 자는 3년 이상의 유기징역에 처한다.
③ 상습으로 제1항 및 제2항의 죄를 범한 경우에는 그 죄에 정한 형의 2분의 1까지 가중한다.

## 아동·청소년의 성보호에 관한 법률

제11조(아동·청소년성착취물의 제작·배포 등) ① 아동·청소년성착취물을 제작·수입 또는 수출한 자는 무기징역 또는 5년 이상의 유기징역에 처한다.

② 영리를 목적으로 아동·청소년성착취물을 판매·대여·배포·제공하거나 이를 목적으로 소지·운반·광고·소개하거나 공연히 전시 또는 상영한 자는 5년 이상의 징역에 처한다.

③ 아동·청소년성착취물을 배포·제공하거나 이를 목적으로 광고·소개하거나 공연히 전시 또는 상영한 자는 3년 이상의 징역에 처한다.

④ 아동·청소년성착취물을 제작할 것이라는 정황을 알면서 아동·청소년을 아동·청소년 성착취물의 제작자에게 알선한 자는 3년 이상의 징역에 처한다.

⑤ 아동·청소년성착취물을 구입하거나 아동·청소년성착취물임을 알면서 이를 소지·시청한 자는 1년 이상의 징역에 처한다.

⑥ 제1항의 미수범은 처벌한다.

⑦ 상습적으로 제1항의 죄를 범한 자는 그 죄에 대하여 정하는 형의 2분의 1까지 가중한다.

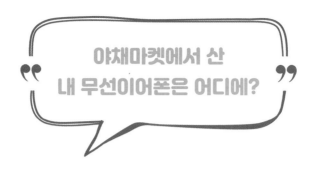

최근 중고 거래 사이트 등을 통해서 물건을 판다고 글을 올려 놓고 구매자를 속여 돈만 받아 챙기는 방식의 사기 범죄가 굉장히 잦아지고 있어요. 여러분도 어디선가 들었거나 본 적이 있을 거예요. 물건을 보내기는 보냈는데, 열어 보니 빈 상자거나, '죄송합니다.'라는 쪽지만 있거나, 심지어 벽돌이 들어 있었다고 해요.

이번에는 이렇게 다른 사람을 속여서 돈을 받아 챙기는 '사기'에 대해 알아볼 거예요. 아래에서 우리가 살펴볼 사건은 실제로 야채마켓에서 있었던 사기 사건이에요.

자신이 S사의 무선이어폰, 백화점 상품권 등을 가지고 있는 판매자인 척했지만 사실 무선이어폰도, 백화점 상품권도 가지고 있지 않았던 A군. 2019년 8월, A군은 인터넷 중고물품 거래 사이트인 야채마켓에 접속해서 자신이 백화점 상품권 50만 원어치를 40만 원에 판다고 글을 올렸어요.

그 글을 본 피해자 B양은 "우와! 10만 원이나 싸게? 이건 안 사면 바보다!"라는 생각에 자신이 사겠다고 얼른 댓글을 달았어요. A군은 "걸렸구나!"라고 생각을 하고 상품권 구매대금 40만 원을 자신의 은행 계좌에 보내라고 했어요. 상품권은? 당연히 보내지 않았겠죠?

이렇게 A군이 속이고 돈을 받아 챙긴 것이 한두 번이 아니었어요! 무려 19번이나 백화점 상품권을 판다는 거짓말로 돈을 받아 챙겼어요! 사건은 여기서 끝나지 않았어요.

A군은 자신의 사기 수법이 잘 먹힌다고 생각하고는 그다음 달에 다시 또 다른 중고거래 사이트인 '중고세계'에 'S사의 최신형 무선이어폰을 판매한다.'라는 글을 올리고 똑같은 사기 범죄를 저질렀어요. 이번에는 5명의 피해자가 이 허위 판매글에 속아 돈을 입금했고 물건은 받지 못하는 피해를 보았어요.

피해 금액은 백화점 상품권 판매 사기와 무선이어폰 판매 사기를 모두 합치면 300만 원도 넘었어요. 한 사람당 비록 10만 원 정도의 피해를 본 것이라고 해도 여러 사람에게 피해를 주다 보니 전체 피해 금액은 저렇게 몇 백만 원 단위로 매우 커졌어요.

내가 입금한 돈이 10만 원이건, 100만 원이건 사기 피해를 본 피해자들의 심정은 모두 같을 수밖에 없겠지요.

"A군 이 녀석! 가만두지 않겠어!"

화가 난 피해자들은 A군을 경찰에 신고했어요. 그 후에 A군은 어떻게 되었을까요?

우리나라 형법은 사기 범죄에 대한 처벌 규정을 두고 있어요. 형법 제347조를 보면 "사람을 기망하여 재물의 교부를 받거나 재산상의 이익을 취득한 자는 10년 이하의 징역 또는 2천만 원 이하의 벌금에 처한다."라고 되어 있어요. 표현이 조금 어려운가요? 그럼 쉽게 한 번 풀어 볼게요.

156

위의 형법 제347조를 풀어보면 "사람을 속여서 물건이나 돈을 받아 내거나, 실제 돈은 아니지만 경제적 가치가 있는 것(이를테면 사이버머니 같은)을 받아낸 사람은 사기 범죄를 저지른 사람이므로 최대 10년의 기간 동안 교도소에 갇혀 있거나 최대 2천만 원까지의 벌금을 내야만 한다."라는 의미로 해석할 수 있어요.

그럼, 이제 A군이 어떻게 되었는지 알아볼까요?

A군은 결국 형사재판을 받았어요. 사실 이 사람은 2019년 8월 전에 도 비슷한 방법의 사기 범죄를 저질러 징역 1년을 선고받은 적이 있었 어요. 그런데 5개월 정도 복역을 하다가 남은 기간의 형을 사면받고 조금 일찍 출소했는데, 출소한 지 불과 6개월 만에 다시 같은 범죄를 저질러서 재판을 받았어요.

형법 제35조에서는 금고 이상의 형을 받아 집행이 끝났거나 면제를 받은 후 3년 이내에 또다시 금고 이상의 형을 받을 수 있는 범죄를 저지르면 더 강한 처벌을 하도록 하는 규정을 두고 있어요. 그래서 A군은 최대 10년이었던 징역형은 최대 20년까지 선고받을 수 있고, 2천만 원이었던 벌금형은 최대 4천만 원까지 선고받을 수 있는 상황에 놓여 있었어요.

재판 결과는 어떻게 되었냐고요? 최대 형량이 늘어난 것은 맞지만 그렇다고 해서 모두 최대 형량을 선고하지는 않아요. 피해 금액이나 피해 금액을 일부 피해자에게 돌려준 예도 있으니 이런 부분을 모두 고려하고, 피고인의 나이나 환경 등을 모두 고려해서 형량을 정하거든요. 법원에서 정한 A군의 형량은 징역 1년 6개월이었어요. 생각보다 형이 가벼운 게 아닌가 싶지만, 집행유예가 아닌 실형을 선고받았다는 점을 보면 결코 가볍다고만은 할 수 없을 거예요.

우리 한 가지 더 생각해 볼까요? 만약 피해 금액이 몇백만 원이 아니었다면 어땠을까요? 예를 들어, 사기 피해 금액이 10억 정도 되었다면 어떻게 처벌되었을까요? 사기 피해 금액이 5억 원 이상이면 형법이 아닌 다른 특별법의 적용을 받아요. 처벌은? 맞아요! 훨씬 더 강한 처벌을 받을 수밖에 없어요. 이때에는 특정경제범죄 가중처벌 등에 관한 법률에 따라 3년 이상의 유기징역형에 처해요. 즉, 아무리 가볍게 처벌해도 최소 3년은 교도소에 갇혀 있어야 하지요.

또, 사기 피해 금액이 50억 원 이상이라면? 무기 또는 5년 이상의 징역형에 처해요. 살인죄의 형량이 사형, 무기 또는 5년 이상의 징역이라는 것을 떠올려보았을 때, '사형' 선고를 받지 않는다는 점만 제외하면 사기 범죄로 50억 원 이상 이득을 취한 범죄자는 거의 살인자와 같은 취급을 받는 정도로 처벌된다는 것을 알 수 있어요.

자, 이렇게 해서 중고거래 사기 사건에 대해 살펴봤어요. 이어서 우리 또 다른 신종 사기 사건에 대해 알아보도록 해요!

## 형법

제347조(사기) ① 사람을 기망하여 재물의 교부를 받거나 재산상의 이익을 취득한 자는 10년 이하의 징역 또는 2천만원 이하의 벌금에 처한다.

② 전항의 방법으로 제삼자로 하여금 재물의 교부를 받게 하거나 재산상의 이익을 취득하게 한 때에도 전항의 형과 같다.

제351조(상습범) 상습으로 제347조 내지 전조의 죄를 범한 자는 그 죄에 정한 형의 2분의 1까지 가중한다.

제35조(누범) ① 금고 이상의 형을 받아 그 집행을 종료하거나 면제를 받은 후 3년 내에 금고 이상에 해당하는 죄를 범한 자는 누범으로 처벌한다.

② 누범의 형은 그 죄에 정한 형의 장기의 2배까지 가중한다.

## 특정경제범죄 가중처벌 등에 관한 법률

제3조(특정재산범죄의 가중처벌) ① 형법 제347조(사기), 제347조의 2(컴퓨터등 사용사기), 제350조(공갈), 제350조의 2(특수공갈), 제351조, 제355조(횡령, 배임) 또는 제356조(업무상의 횡령과 배임)의 죄를 범한 사람은 그 범죄 행위로 인하여 취득하거나 제3자로 하여금 취득하게 한 재물 또는 재산상 이익의 가액(이하 이 조에서 "이득액"이라 함)이 5억원 이상일 때에는 다음 각 호의 구분에 따라 가중처벌한다.

1. 이득액이 50억원 이상일 때: 무기 또는 5년 이상의 징역

2. 이득액이 5억원 이상 50억원 미만일 때: 3년 이상의 유기징역

3. 제1항의 경우 이득액 이하에 상당하는 벌금을 병과할 수 있다.

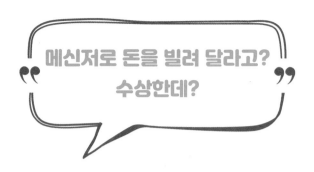
메신저로 돈을 빌려 달라고?
수상한데?

"언니, 나 교통사고 나서 병원에 왔는데, 진료비가 많이 나왔어. 20만 원만 빌려줘."

동생에게서 전화가 와서 이렇게 말한다면 아마도 많이 다쳤는지, 괜찮은지도 물어보고 바로 돈을 보내줄지도 몰라요. 하지만 여러분, 이 내용이 ○○○톡, ○인 등의 메신저로 왔다면 바로 돈을 보내주기 전에 잠시 멈춰야만 해요. '사기'일 수도 있거든요.

얼마 전, 유명 연예인 한 사람도 비슷한 내용의 톡을 받은 적이 있었다고 해요. 아주 잘 아는 친한 형에게서 톡이 왔거든요.

"내가 지금 휴대폰 수리를 맡기고 인터넷으로 톡 보내고 있어. 혹시 지금 바빠?"

"아냐. 괜찮아, 형. 무슨 일?"

"아니, 내가 좀 급해서 이걸로라도 연락한 건데, 전에 다른 데서 돈을 빌린 게 있는데, 그게 오늘까지 갚기로 한 거라서, 혹시 한 50만 원 정도 빌려줄 수 있어?"

"아, 급한 거야?"

"좀 급해. 폰 수리 끝나면 바로 보내줄게. 네가 먼저 좀 그 사람한테 입금해 줄래?"

정말 많이 친한 친구이거나 가족, 친척인 척 메신저로 대화를 걸어오는 이 사람들. 과연 정말 여러분의 가족, 친척, 친구가 맞을까요? 바로 이 부분부터 확인해야 해요. 이런 문자를 보내오는 사람들은 우리의 가족, 친척, 친구가 아니라 피싱 사기범일 가능성이 매우 높기 때문이에요.

먼저, 자주 연락이 오지 않던 친구가 갑자기 메신저로 대화를 걸어오면 의심해 보아야 해요. 그리고 그 상대가 가족이나 친척이어도 메신저로 돈을 보내달라, 빌려달라는 등의 요구를 한다면 역시 의심해 볼 필요가 있어요.

가장 간단히 이 의심을 푸는 방법은 사실 직접 그 사람과 통화해 보는 거예요. 사기범들은 '직접 통화'를 하면 들킬 것이 뻔하다는 것을 알기 때문에 위의 사례처럼 아예 휴대폰을 쓸 수 없는 상태라고 핑계를 댄다고 해요. 이런 상황에 놓여 있는데, 대화 내용이 정말 내 친구나 가족, 친척 같다고요? 그래도 우선 돈을 보내주기 전에 다른 연락 수단을 이용해서 먼저 그 사람인지를 확인해 보아야 해요.

이런 메신저 피싱 사기범들의 사기 수법을 4단계로 정리해서 알아볼까요?

1. 메신저로 말을 걸어옵니다. 예전에는 프로필 사진이 없는 경우가 많았는데, 요즘은 프로필 사진도 마치 그 사람인 것처럼 뜬다고 해요. 그래도 만약, 갑자기 프로필 사진이 없어진 사람이 말을 걸어온다면 일단 의심하고 보는 것이 좋겠어요.

2. 그다음에는 휴대폰을 쓸 수 없는 이유를 말하며 직접 통화를 하지 않으려고 합니다. "휴대폰이 고장 나서 수리 맡겼어." "휴대폰 잃어버

려서 급하게 PC톡으로 연락하는 거야."

3. 긴급한 상황이 발생했음을 알리며 돈을 요구합니다. "교통사고 났는데, 진료비가 필요해서 그래. 나 지금 아무것도 안 가지고 있거든." "돈 빌린 걸 갚아야 하는데, 휴대폰은 수리 중이고 공인인증서도 폰에 있어. 네가 대신 그 사람에게 입금만 좀 먼저 해주면 안 될까?" "인증서에 오류가 있어서 내가 돈을 보내지 못하고 있어서 그래. 대신 좀 입금해줘."

4. 피해자는 사기범이 지정한 계좌에 돈을 보냅니다. 이때 받는 사람의 명의가 가족, 친척, 친구가 아닌 것을 알게 돼요. 이 부분은 '내가 돈을 빌린 사람의 이름이다.', '병원 직원 계좌로 바로 보내는 것이다.' 등의 말로 그럴듯하게 포장해서 넘어가요.

이와 같은 방법의 사기 범죄가 주변에 많이 발생하고 있다는 사실은 아마 여러분도 잘 알고 있을 거예요. 과연 얼마나 많은 사람이 피해를 보고 있는 걸까요?

경찰청에서 발표한 자료에 따르면, 2017년 23만 건이었던 신종사기 피해(보이스 피싱, 메신저 피싱 등) 건수가 2018년에는 26만 7천 건, 2019년에는 30만 건을 넘어섰다고 해요. 그중에서도 메신저 피싱은 2018년에 비해 2019년에 2배 정도 증가했고 2020년 상반기 피해 금액이 무려 223억 원이나 된다고 해요. 이 액수는 2019년 상반기의 피해 금액의 무려 3배에 달하는 금액이에요.

남을 속여서 돈을 받아내는 범죄인 사기는 아주 오래전부터 존재했던 범죄 유형 중 하나예요. 기원전 900~800년 사이, 그리스·로마 신화에는 '아파테(Apate)'라고 불렸던 기만과 사기의 여신에 관한 내용이 있었어요. 그러니까 그때쯤(또는 그 이전부터) 어떤 형태로든 사기 범죄가 발생하고 있었고, 피해자도 생겨났다고 추측해 볼 수 있어요. 다만, 그 수법만 사회의 발전, 그중에서도 기술의 발전에 따라 계속해서 진화하고 있어요.

현재 가장 잘 알려진 사기 수법은 메신저 피싱 외에도 보이스 피싱, 스미싱(돌잔치나 결혼식 초대장, 무료쿠폰 등이 도착한 것처럼 문자메시지를 보내 문자메시지에 포함된 URL을 클릭하게 한 다음 휴대폰에 악성코드가 심어지게 하여 소액결제가 되도록 하거나 개인정보를 빼내는 사기 수법) 등이 있어요. 최근에는 여기에 돈이 필요한 청소년들에게 접근하여 부모님의 신분증만 있으면 대출할 수 있다는 말로 청소년들을 속여 비대면 대출을 받은 다음 대출금을 가로채 버리는 방식의 사기 수법도 있다고 하니, 정말 기술이 발전하는 만큼 사기 수법도 진화한다는 것을 실감할 수밖에 없네요.

그렇다면 과연 이런 방식으로 사기 범죄를 저지른 사람들은 어떤 처벌을 받을까요? 지금까지 우리가 살펴본 메신저 피싱, 보이스 피싱, 스미싱 등의 경우 범인들은 온라인 계좌로 돈을 보내 달라거나 개인정보를 빼내거나 휴대폰에 악성코드가 심어지도록 하여 소액결제를 하게 하거나 유출한 개인정보를 이용하여 비대면 대출을 받아 대출금을 가로채는 등의 방법으로 사기 범죄를 저질렀어요. 즉, 컴퓨터와 같은 정보처리장치에 어떤 명령이나 정보를 입력하게 하거나, 타인의 정보를 이용해서 정보처리장치에 명령을 입력하여 사기 범죄를 저질렀어요.

이렇게 저지른 사기 범죄에 대해서는 우리나라에서 별도의 법률 규정을 두고 있어요. 바로 전기통신금융사기 피해 방지 및 피해금 환급에 관한 특별법(약칭 통신사기피해환급법)이 그것이에요. 이 법에 따르면 전기통신금융사기를 목적으로 다른 사람에게 컴퓨터 등 정보처리장치에 정보 또는 명령을 입력하게 하는 행위를 하거나 취득한 다른 사람의 정보를 이용하여 컴퓨터 등 정보처리장치에 정보 또는 명령을 입력하는 행위를 한 자는 10년 이하의 징역 또는 1억 원 이하의 벌금형에 처해요.

그렇다면 이와 같은 메신저 피싱, 보이스 피싱, 스미싱과 같은 전기통신금융사기 범죄를 당해 돈을 입금했다면 어떻게 해야 할까요? 돈을 돌려받을 수 없는 것일까요?

그렇지 않아요! 먼저 통신사기피해환급법 제3조에 따라 피해를 본 사람은 피해 금액을 송금하거나 이체한 계좌를 관리하는 기관이나 사기 계좌를 관리하는 기관에 '지급정지' 등 사기 피해 구제를 신청할 수 있어요. 그리고 경찰에 신고해야겠지요? 경찰 신고 후에 반드시 '사건 사고 사실확인서'를 발급받아서 피해 구제를 신청할 은행에 제출하고 '피해금 환급 신청'을 하여 피해 금액을 돌려받을 수 있어요.

그리고 미리 메신저 피싱, 보이스 피싱, 스미싱과 같은 사기 범죄를 예방하는 방법을 알아두는 것이 좋으니, 다음의 4가지 사항을 정확히 알아두고 실천하도록 하는 것이 좋겠어요.

우선 어떤 사기 수법을 사용하여 우리에게 접근할지 알 수 없으므로 뉴스나 기사를 통해 알려진 사기 수법을 유심히 봐두는 것이 좋아요. 만약 메시지를 받았다면 메시지 안에 있는 주소는 함부로 클릭하지 말아야 해요. 그 주소를 클릭하면 악성코드가 심어지거나 개인정보를 입력하는 창으로 넘어가 개인정보가 유출될 수 있기 때문이에요. 스마트폰을 쓰고 있다면 아예 소액결제를 차단하거나 금액 제한을 걸어놓는 것도 이런 사기를 예방하는 좋은 방법이 될 수 있고, 스마트폰에 백신 프로그램을 설치하고 주기적으로 업데이트를 해두는 것이 좋아요. 만약 스마트폰의 보안강화 또는 업데이트 목적으로 개인정보(이름, 전화번호, 통장 계좌번호, 통장 비밀번호, 주민등록번호, 보안카드 번호 등)를 입력하도록 유도되었다면 그 즉시 보안강화나 업데이트를 중지해야 해요. 이때 절대 그 어떤 개인정보도 입력하지 않아야만 하고요.

## 형법

제347조(사기) ① 사람을 기망하여 재물의 교부를 받거나 재산상의 이익을 취득한 자는 10년 이하의 징역 또는 2천만원 이하의 벌금에 처한다.

② 전항의 방법으로 제삼자로 하여금 재물의 교부를 받게 하거나 재산상의 이익을 취득하게 한 때에도 전항의 형과 같다.

제347조의2(컴퓨터등 사용사기) 컴퓨터등 정보처리장치에 허위의 정보 또는 부정한 명령을 입력하거나 권한 없이 정보를 입력·변경하여 정보처리를 하게 함으로써 재산상의 이익을 취득하거나 제3자로 하여금 취득하게 한 자는 10년 이하의 징역 또는 2천만원 이하의 벌금에 처한다.

## 전기통신금융사기 피해 방지 및 피해금 환급에 관한 특별법

제2조(정의) 이 법에서 사용하는 용어의 뜻은 다음과 같다.

2. "전기통신금융사기"란 「전기통신기본법」 제2조제1호에 따른 전기통신을 이용하여 타인을 기망(欺罔)·공갈(恐喝)함으로써 재산상의 이익을 취하거나 제3자에게 재산상의 이익을 취하게 하는 다음 각 목의 행위를 말한다. 다만, 재화의 공급 또는 용역의 제공 등을 가장한 행위는 제외하되, 대출의 제공·알선·중개를 가장한 행위는 포함한다.

가. 자금을 송금·이체하도록 하는 행위

나. 개인정보를 알아내어 자금을 송금·이체하는 행위

제15조의2(벌칙) ① 전기통신금융사기를 목적으로 다음 각 호의 어느 하나에 해당하는 행위를 한 자는 10년 이하의 징역 또는 1억원 이하의 벌금에 처한다.

1. 타인으로 하여금 컴퓨터 등 정보처리장치에 정보 또는 명령을 입력하게 하는 행위

2. 취득한 타인의 정보를 이용하여 컴퓨터 등 정보처리장치에 정보 또는 명령을 입력하는 행위

"10일이면 나도 10kg을 뺄 수 있다!"

여러분도 아마 이런 광고 문구를 자주 본 적이 있을 거예요. 약도 아
닌데, 마시거나 먹으면 살이 빠진다고 하니 참 신기하지요? 때로는 이
런 제품을 먹고 몸무게가 줄어들었다는 영상이나 사진 후기가 SNS에
올라와 있는 경우도 참 많아요. 먹기 전과 후 사진을 올리기도 하고, 제
품을 먹는 하루하루 몸무게를 재서 실제로 살이 빠졌다는 것을 증명하
는 예도 있어요.

그런데, 과연 이 사진 후기나 영상들은 모두 실제 그 제품을 써본 사
람들이 올린 것들일까요? 물론 실제 후기들도 있지만 그렇지 않은 예도
있다고 해요. 또, 인터넷으로 식품을 판매하면서 다이어트 제품이며 해
독 효과가 있다는 식으로 광고를 하는 예도 있어요. 몸속의 독소가 빠지
면서 살과 부기가 빠져 저절로 다이어트가 된다는 식으로 말이에요.

이처럼 가짜 후기를 만들어 올려 제품을 광고하거나 단순 식품인데도
건강기능식품인 것처럼 소비자를 속이는 등의 광고를 올려 제품을 판매

하고, 이 광고를 보고 제품을 산 다음, 광고에서처럼 효과를 누리지 못하면 제품을 산 소비자의 처지에서는 '속았다'라는 생각이 들겠지요?

그 식품이 단순히 먹고 싶거나 맛있어서 샀다면 속았다는 생각이 들지 않겠지만, 그 식품이 다이어트에 효과적이다, 독소나 부기를 빼준다는 광고를 한다면 소비자 대부분은 '다이어트, 독소나 부기 제거' 때문에 이 식품을 사는 것이므로 광고에서 말한 것과 같은 효과가 없다면 속았다는 생각이 드는 것은 당연해요. 게다가 이런 효과가 있다고 광고하는 제품들은 그 효과를 이유로 높은 가격에 팔리고 있으니, "나는 비싼 돈을 주고 효과도 없는 물건을 샀구나!"라는 생각에 더욱 괘씸한 마음이 들 거예요.

그리고 제품을 파는 사람의 입장에서는 당연히 내가 판매하는 제품이 높은 가격에 많이 팔리기를 바라지만, 단지 높은 판매량을 기록하고 많은 돈을 벌기 위해서 이런 허위·과장 광고를 한다면, 허위·과장 광고를 하지 않고 정직한 방법으로 비슷하거나 같은 물건을 파는 판매자들은 공정하게 경쟁하고 있지 않다고 여기게 될 거예요. 결국 허위·과장 광고를 한 판매자는 소비자와 경쟁 판매자 모두에게 피해를 주는 셈이에요.

이런 일이 생기지 않도록 법에서는 소비자를 속이는 허위·과장 광고를 하지 못하도록 하는 규정을 두고 있어요. 특히 식품에 관한 광고를 할 때는 식품 등의 표시·광고에 관한 법률(식품표시광고법)에 따라야 해요.

식품표시광고법은 식품 등에 대해 올바른 표시·광고를 하도록 해서 소비자의 알 권리를 보장하고 건전한 거래질서를 확립하여 소비자 보호에 이바지하는 것을 목적으로 해요.

이 법의 목적을 달성하기 위해서 식품표시광고법에는 여러 가지 규정을 두었어요. 식품표시광고법 제8조에서는 이렇게 소비자를 속이는 방법을 사용해서 광고하거나 실제 효과보다 많이 부풀려 광고하지 못하도록 하고 있어요. 법으로 금지하는 사항이기 때문에 사진 후기나 영상을 거짓으로 만들어 광고하거나, 식품을 다이어트 제품인 것처럼 해독 효과가 있어 다이어트에 효과적이라고 광고하면 식품표시광고법 제27조에 따라 5년 이하의 징역 또는 5천만 원 이하의 벌금형을 받을 수 있어요.

국가에서 법을 위반하였을 때에 대한 처벌 규정을 두는 이유는 단순히 위반행위에 대한 처벌에만 있는 것이 아니라, 이 처벌 규정을 둠으로써 사람들이 어떤 행동을 할 때 스스로 조심하도록 하기 위해서예요.

우리가 오늘 알아본 식품에 대한 허위·과장 광고의 경우에도 마찬가지예요. "허위·과장 광고를 했으니, 처벌을 받아야만 해!"라기보다는 "허위·과장 광고를 하지 않도록 주의해 주세요."로 법을 이해하는 자세가 먼저 필요해요. 그래야만 허위·과장 광고에 속는 소비자도, 이런 광고 때문에 공정한 경쟁을 하지 못하는 판매자도 생기지 않을 테니까요.

꼭 알아두어야 할 법률 상식

### 식품 등의 표시·광고에 관한 법률

제1조(목적) 이 법은 식품 등에 대하여 올바른 표시·광고를 하도록 하여 소비자의 알 권리를 보장하고 건전한 거래질서를 확립함으로써 소비자 보호에 이바지함을 목적으로 한다.

제8조(부당한 표시 또는 광고행위의 금지) ① 누구든지 식품등의 명칭·제조방법·성분 등 대통령령으로 정하는 사항에 관하여 다음 각 호의 어느 하나에 해당하는 표시 또는 광고를 하여서는 아니 된다.

4. 거짓·과장된 표시 또는 광고

5. 소비자를 기만하는 표시 또는 광고

제27조(벌칙) 다음 각 호의 어느 하나에 해당하는 자는 5년 이하의 징역 또는 5천만원 이하의 벌금에 처하거나 이를 병과할 수 있다.

2. 제8조제1항제4호부터 제9호까지의 규정을 위반하여 표시 또는 광고를 한 자

웹툰을 훔친 것도
당연히 범죄!

월요일부터 일요일까지 항상 우리에게 열려 있는 웹소설이나 웹툰. 요일마다 각자 좋아하는 웹툰이나 웹소설을 골라보며 하루의 피로를 풀거나, 잠깐의 여유를 즐기는 사람들이 참 많아졌어요. 인기 있는 웹툰을 그려내고 웹소설을 쓴 작가들은 그 대가로 돈을 벌어 생활하고, 또 새롭고 재미있는 웹툰과 웹소설을 만들어 내요.

작가들은 사이트와 계약을 하여 자신의 작품을 사람들에게 공개하지요. 유명 포털 사이트를 통해 웹툰이나 웹소설을 연재하는 예도 있고, 아예 웹툰이나 웹소설 전용 사이트에 작품을 연재하는 예도 있어요. 그리고 사이트의 정책에 따라 일부 무료로 오픈되고, 미리보기 서비스 등을 통해 유료로 제공되지요.

과정만을 놓고 본다면 사실 웹툰이나 웹소설 작가들도 화장품을 만들거나 책을 출판해 내는 사람들과 비슷하게 일을 하고 있어요. 화장품을 만들어 파는 사람들이 시장조사를 하고, 소비자들의 요청을 반영해서 원재료를 구매한 다음, 잘 배합해서 예쁜 색깔의 립스틱을 만들면, 자신의 브랜드를 입혀 온라인과 오프라인 매장에 립스틱을 진열해 놓고 팔 수 있어요.

웹툰 역시 마찬가지예요. 자료를 조사하고 소비자들의 요청을 반영해서 주제와 캐릭터를 정하고 스케치 및 채색 과정을 거쳐 만화 원고를 완성하면 특정 사이트와 연재 계약을 해서 만화를 올려놓고 소비자들이 볼 수 있게 하거든요.

그런데 얼마 전, 웹툰 작가 50명이 자신의 웹툰을 누군가가 도용했다며 소송을 제기했어요. 화장품으로 이야기하자면, 화장품 제조업자들이 누군가 자신이 만든 화장품을 훔쳐가서 팔고 있으니, 그 사람을 처벌하고 손해를 배상해 달라고 소송을 한 것이지요.

우리는 어떤 사이트에건 접속해서 손가락으로 클릭을 하기만 하면 너무도 쉽게 웹툰이나 웹소설을 볼 수 있어요. 이런 사이트 중에 작가들과 계약을 하지 않고 무단으로 웹툰을 가져와서 자신의 사이트에 올려놓고 다른 사람들이 보도록 해서 돈을 벌어들이는 사이트들이 있었던 거예요.

불법 사이트들의 이런 영업 방법 때문에 작가들은 정식 웹툰 제공업체를 통해 벌어들일 수 있는 돈을 제대로 벌어들이지 못해, 도용 사건이 발생한 후에는 원래 수입의 1/3 또는 1/4 수준까지 떨어졌다고 해요. 원래 200만 원을 벌 수 있었다면, 50만~70만 원 정도밖에 벌 수 없게 된 거예요. 그리고 정식 웹툰 제공업체도 이 불법 사이트들의 웹툰 도용행위 때문에 구독자들을 빼앗겨, 작가들과 마찬가지로 원래 벌어들일 수 있는 만큼의 돈을 벌지 못했어요.

무엇보다 작가들 입장에서는 자식과 같은 자신의 작품을 남에게 함부로 빼앗긴 것 같은 느낌이 들었을 것이고, 여러 날 밤을 새워 그림을 그리고 스토리를 쓴 자신의 노력이 모두 헛수고가 된 것 같은 기분을 느꼈 웹툰을 즐기는 참된 소비자가 되는 길은 무엇일지 생각해 보세요!

'저작권자 또는 **웹툰'의 승인없이 콘텐츠의 일부 또는 전부를 복제, 변경, 번역, 출판, 방송 및 기타의 방법으로 이용하면 저작권법에 따른 법적 조치가 취해질 수 있습니다.

을 거예요.

　해당 불법 사이트는 작가들과 연재 계약을 해서 웹툰을 올리고 있던 정식 웹툰 제공업체에는 손해액을 배상했지만, 정작 작가들에게는 피해가 없었을 것이라고 주장하며 배상을 하지 않았다고 해요. 작가들은 정식 웹툰 제공업체와 계약을 하여 이미 원고료를 받았을 테니 피해를 보지 않았다고 하면서 말이에요.

　여러분의 생각은 어떤가요? 불법 사이트 측에서 주장하는 것처럼 정말 원고료를 받았으니 작가들에게는 피해가 발생하지 않은 것일까요?

　법원에서는 이 부분에 대해 작가들에게도 손해가 발생했음을 인정하여 불법 사이트 측의 주장이 아닌 작가들의 주장에 손을 들어 주었어요. 해당 불법 사이트는 다른 사람에게 저작권이 있는 웹툰인 것을 알면서 저작권자의 허락 없이 자신들의 사이트에 무단으로 웹툰이 업로드되게 하고, 그 사이트의 접속자들이 이 웹툰을 볼 수 있게 한 행동이 저작권법에서 보호하고 있는 작가들의 복제권*과 공중송신권**을 침해한 것이라고 하면서 각 웹툰 당 약 300만 원씩의 손해액을 배상하라고 판결했어요.

　우리도 웹툰을 볼 때 간혹 웹툰 상단에서 173쪽 그림과 같은 문구를 봐요. 캡쳐한 이미지를 다른 곳에 올리거나 작가 또는 작품이 올려진 사이트 측의 허락 없이 웹툰을 복제해서 퍼트리거나 하는 행위는 저작권법을 위반한 행위이고, 이런 행위를 하면 저작권법 제136조에 따라 5년

---

＊ 인쇄·사진 촬영·복사·녹음·녹화, 그 밖의 방법으로 일시적 또는 영구적으로 유형물에 고정하거나 다시 제작할 수 있는 권리

＊＊ 저작물, 실연·음반·방송 또는 데이터베이스를 공중이 수신하거나 접근하게 할 목적으로 무선 또는 유선통신의 방법으로 송신하거나 이용에 제공할 수 있는 권리

이하의 징역 또는 5천만 원 이하의 벌금형을 받게 될 수 있어요. 그리고 위에서 말한 불법 사이트의 웹툰 도용 사건에서처럼 작가와 정식 웹툰 제공업체에 손해배상도 해주어야 해요.

이렇게 유료 웹툰을 무료로 볼 수 있다고 해서 불법 사이트를 이용하거나 웹툰을 무단으로 복사하는 행동은 이렇게 작가들의 창작 의욕을 떨어뜨리고 웹툰으로 벌 수 있는 수익을 빼앗아가는 범죄 행위라는 것을 알았지요? 여러분은 반드시 정식 웹툰 제공업체의 서비스를 이용하고 휴대폰에서 몰래 웹툰을 캡쳐해서 다른 곳에 퍼트리는 행동도 하지 않도록 조심하며 웹툰을 즐길 수 있는 참된 소비자가 되길 바라요!

## 저작권법

제16조(복제권) 저작자는 그의 저작물을 복제할 권리를 가진다.

제18조(공중송신권) 저작자는 그의 저작물을 공중송신할 권리를 가진다.

제123조(침해의 정지 등 청구) ① 저작권 그 밖에 이 법에 따라 보호되는 권리(제25조·제31조·제75조·제76조·제76조의2·제82조·제83조 및 제83조의2의 규정에 따른 보상을 받을 권리를 제외한다. 이하 이 조에서 같다)를 가진 자는 그 권리를 침해하는 자에 대하여 침해의 정지를 청구할 수 있으며, 그 권리를 침해할 우려가 있는 자에 대하여 침해의 예방 또는 손해배상의 담보를 청구할 수 있다.

② 저작권 그 밖에 이 법에 따라 보호되는 권리를 가진 자는 제1항의 규정에 따른 청구를 하는 경우에 침해행위에 의하여 만들어진 물건의 폐기나 그 밖의 필요한 조치를 청구할 수 있다.

제125조(손해배상의 청구) ① 저작재산권 그 밖에 이 법에 따라 보호되는 권리(저작인격권 및 실연자의 인격권을 제외한다)를 가진 자(이하 "저작재산권자등"이라 한다)가 고의 또는 과실로 권리를 침해한 자에 대하여 그 침해행위에 의하여 자기가 받은 손해의 배상을 청구하는 경우에 그 권리를 침해한 자가 그 침해행위에 의하여 이익을 받은 때에는 그 이익의 액을 저작재산권자등이 받은 손해의 액으로 추정한다.

② 저작재산권자등이 고의 또는 과실로 그 권리를 침해한 자에게 그 침해행위로 자기가 받은 손해의 배상을 청구하는 경우에 그 권리의 행사로 통상 받을 수 있는 금액에 상당하는 액을 저작재산권자등이 받은 손해의 액으로 하여 그 손해배상을 청구할 수 있다.

제136조(벌칙) ① 다음 각 호의 어느 하나에 해당하는 자는 5년 이하의 징역 또는 5천만원 이하의 벌금에 처하거나 이를 병과할 수 있다.

1. 저작재산권, 그 밖에 이 법에 따라 보호되는 재산적 권리(제93조에 따른 권리는 제외한다)를 복제, 공연, 공중송신, 전시, 배포, 대여, 2차적저작물 작성의 방법으로 침해한 자

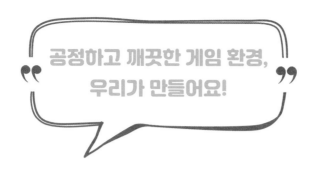

공정하고 깨끗한 게임 환경,
우리가 만들어요!

여러분은 남는 시간, 무엇인가 기다려야 하는 시간을 보내야 할 때 주로 무엇을 하며 보내나요? 아마도 인터넷 기사를 보기도 하고, 웹툰이나 웹소설을 보며 시간을 보내는 사람도 있겠지요. 자주 하던 게임에 접속해서 즐겁게 시간을 보내는 사람들도 참 많습니다. 한 두 게임 하다 보면 시간이 정말 금방 가지요?

게임에 지나치게 빠져들어 원래 나의 생활을 깨트리는 일만 없다면 게임은 우리의 여가시간을 즐겁게 보낼 수 있도록 해주고, 지루할 때는 짜릿한 쾌감을 맛볼 수 있게 해주기도 해요.

그런데 게임에서 항상 이길 수만 있다면 좋겠지만 어떤 날은 운이 좋지 않은 것인지 내 뜻대로 게임이 풀리지 않을 때도 있지요. 이럴 때면 스트레스를 풀기 위해 시작한 게임이 오히려 스트레스를 주는 결과를 가져오기도 해요.

이렇게 게임이 풀리지 않아 짜증 나고 속상할 때면 뭔가 다른 방법으로 게임을 잘해 보고 싶은 욕심이 생기곤 해요. 돈을 주고 좋은 아이템을 사거나 뽑아서 게임에 사용하거나 새로운 캐릭터를 사거나 뽑는 방법 등으로 말이에요.

하지만 어디까지나 게임을 잘하고자 사용하는 방법은 게임을 개발하고 운영하는 사업자들이 정한 게임 내 규칙 안에서 가능한 것이어야 하고, 이 규칙을 벗어나는 방법을 사용하는 것은 정당하게 게임을 즐긴 것이라고 할 수는 없어요. 게임 유저들의 '남들보다 더 잘하고 싶은' 마음을 이용해서 게임사업자들이 정한 규칙을 벗어나는 방법을 프로그램으로 만들어 유저들에게 판매하는 사람들이 생겨나는 문제가 발생했어요.

전쟁을 하는 게임에서 상대방을 항상 정확하게 조준해서 쏠 수 있는 프로그램을 만들어 판매하거나, 게임사업자들이 제공하는 게임과 같은 게임을 제공하는 다른 서버를 만들어 유저들이 이용하게 하고, 그 안에서 특수한 아이템들을 유료로 판매하면 게임이 잘 풀리지 않아 답답했던 유저들에게 좋은 것이 아닌가 하는 생각이 들 수도 있어요.

사실 게임사업자가 제공하지 않은 외부의 다른 방법으로 게임사업자가 제공하는 게임의 진행을 방해한 것으로 볼 수 있고, 같은 게임을 제공하는 다른 서버를 만들어 유저들이 이용하게 하면서 특수 아이템을 유료로 판매하는 것은 게임사업자의 영업을 방해하고 게임사업자가 정당하게 받아야 할 이익을 부당한 방법으로 빼앗아 간 것이라고도 할 수 있어요.

그리고 정당한 방법으로 게임을 하는 유저들은 공정하지 못한 방법 때문에 자신이 패배하게 된 것을 알면서 불쾌감과 좌절감을 느끼고 더는 게임을 즐기지 못하게 될 수 있어요. 그러면 게임사업자들도 결국 유저들을 잃고 게임사업을 제대로 하지 못해요.

그래서 게임산업진흥에 관한 법률(게임산업법)에는 게임에 영향을 줄 수 있는 외부의 다른 프로그램을 만들어 판매하거나 게임사업자가 제공

하는 것과 같은 게임을 제공하는 다른 서버를 만들어 게임을 하게 하는 것을 금지하는 규정을 두고 있어요.

게임산업법 제32조 제1항 8호에서는 게임물의 정상적인 운영을 방해할 목적으로 게임물 관련 사업자가 제공 또는 승인하지 않은 컴퓨터프로그램이나 기기 또는 장치를 배포하거나 배포할 목적으로 제작하는 행위를, 제9호에서는 게임물 관련 사업자가 제공 또는 승인하지 않은 게임물을 제작, 배급, 제공 또는 알선하는 행위를 금지하고 있어요.

그리고 이 규정들을 위반하면 당연히 처벌이 따라요. 먼저, 게임사업자가 제공하거나 승인하지 않는 프로그램, 예를 들었던 것처럼 조준을 자동으로 해주는 프로그램 같은 것을 만들거나 퍼트리는 사람은 1년 이하의 징역 또는 1천만 원 이하의 벌금형을 받을 수 있어요.

다음으로 게임사업자가 제공하고 있는 서버가 아닌 다른 서버를 이용해서 그 사업자의 게임과 같은 게임을 제공한 사람은 5년 이하의 징역 또는 5천만 원 이하의 벌금형을 받을 수 있어요.

이렇게 불공정한 방법으로 게임을 이용하는 사람들이 늘어나면 정상적으로 제공된 게임을 정상적인 방법으로 즐기던 유저들은 불만을 가질 수밖에 없고, 이런 불만을 가진 유저들은 결국 그 게임을 떠나고 게임사업자의 영업에 큰 타격을 주어 결과적으로는 게임사업자에게도, 그 게임을 즐기던 유저들에게도 손해를 끼치는 것이지요.

따라서 이런 불공정한 방법으로 이익을 누리는 행위를 금지하는 법은 우리가 공정하고 깨끗하게 즐거운 게임 생활을 할 수 있도록 해주고, 게임사업자가 자신들이 개발하고 사람들에게 제공하는 게임이 정상적으로 운영되어 그 노력에 따른 정당한 대가를 받을 수 있도록 해주는 중요한 법률이라고 할 수 있어요.

하지만 이런 행위를 금지하는 법률에만 기댈 것이 아니라, 게임을 이용하는 여러분들도 꼭 지켜 주어야 하는 것이 있어요. 그것은 바로 사설 서버를 이용하지도 말고, 불법으로 판매하는 프로그램을 사지도 말아야 한다는 거예요. 게임은 공정한 방법으로 정해진 규칙에 따라 즐길 때 성취감도 있고 즐거움도 있는 것이라는 점을 기억하고, 이 점을 꼭 지켜 준다면 좋겠어요.

우리가 이 점을 지켜 주기만 한다면, 사설 서버를 운영하는 사람도, 불법 프로그램을 만들어 파는 사람들도 모두 없어지게 될 거예요. 사는 사람이 없다면 그들도 자연스럽게 사라지게 될 테니, 바로 우리가 이런 프로그램이나 서버를 이용하지 않는다면 당연히 불법을 저지르는 사람들도 자연스레 사라지지 않을까요?

## 게임산업진흥에 관한 법률

제32조(불법게임물 등의 유통금지 등) ① 누구든지 게임물의 유통질서를 저해하는 다음 각 호의 행위를 하여서는 아니 된다.

8. 게임물의 정상적인 운영을 방해할 목적으로 게임물 관련사업자가 제공 또는 승인하지 아니한 컴퓨터프로그램이나 기기 또는 장치를 배포하거나 배포할 목적으로 제작하는 행위

9. 게임물 관련사업자가 제공 또는 승인하지 아니한 게임물을 제작, 배급, 제공 또는 알선하는 행위

10. 제9호에 따른 불법행위를 할 목적으로 컴퓨터프로그램이나 기기 또는 장치를 제작 또는 유통하는 행위

제44조(벌칙) ① 다음 각 호의 어느 하나에 해당하는 자는 5년 이하의 징역 또는 5천만원 이하의 벌금에 처한다.

2. 제32조제1항제1호·제4호·제7호·제9호 또는 제10호에 해당하는 행위를 한 자

② 제1항의 규정에 해당하는 자가 소유 또는 점유하는 게임물, 그 범죄 행위에 의하여 생긴 수익(이하 이 항에서 "범죄수익"이라 한다)과 범죄수익에서 유래한 재산은 몰수하고, 이를 몰수할 수 없는 때에는 그 가액을 추징한다.

제46조(벌칙) 다음 각 호의 어느 하나에 해당하는 자는 1년 이하의 징역 또는 1천만원 이하의 벌금에 처한다.

3의2. 제32조제1항제8호를 위반하여 게임물 관련사업자가 제공 또는 승인하지 아니한 컴퓨터프로그램이나 기기 또는 장치를 배포하거나 배포할 목적으로 제작하는 행위를 한 자

모바일 게임을 했을 뿐인데,
도박이라니요?

3교시가 끝나고 쉬는 시간, 3~4명씩 모여 앉은 친구들 손에는 모두 휴대폰이 들려 있어요. 이 친구들은 게임을 하고 있지만 총을 쏘거나 캐릭터를 키우지 않아요. 대체 어떤 게임을 하는 걸까요?

잠시 후, 한쪽에서 "와! 터졌다!!!" 하는 소리가 들려와요. 소리가 나는 쪽으로 우르르 모여든 아이들. 휴대폰을 든 한 친구가 두 개의 굴뚝 중 캐릭터가 나올 굴뚝 하나를 고르는 단순한 게임을 하고 있었군요.

아! 한 가지 다른 게 있군요. 바로, 고른 굴뚝에 게임머니를 걸었다는 거예요.

다른 한쪽에서 또 "우와! 대박!!!" 하는 소리가 들려와요. 아! 옆 반에서 나는 소리군요. 한 번 따라가 볼까요? 이번에는 휴대폰으로 축구경기를 보던 아이들이 경기가 끝나자마자 삼삼오오 모여 각자 어느 팀이 이긴다고 했는지를 이야기하고 있네요. 여기까지도 참 평범하지요? 자신이 좋아하는 팀이 이길 것이라고 굳게 믿었거나 전력을 꼼꼼히 분석하여 이길 만한 팀을 예측했거나 했다면 말이에요.

그런데 여기에 돈을 걸었다면 이야기는 바로 달라져요. 어떻게 달라지냐고요? 바로 둘 다 법적으로 금지하고 있는 행위이거든요.

굴뚝 게임 하나에, 경기 결과 가지고 내기 좀 한 걸 가지고 무슨 법률 위반이 되겠느냐고 하지만 이 두 가지 모두 엄연히 '도박'이기 때문이에요. 분명 그저 단순한 게임이었는데 이 두 가지 사례가 모두 도박이 된 이유는 간단해요. '사행성'이 있기 때문이에요. 사행성은 '우연'에 기대서 금전적 이익이 있는 불확실한 결과를 얻으려고 하는 행동을 말해요. 우연히 이루어지는 것이기 때문에 거의 있을 수 없는 일이 일어나는 것으로 생각하면 되겠죠?

앞의 두 사례를 다시 한번 볼까요? 먼저 첫 번째 사례를 살펴볼게요. 2개의 굴뚝 중 한 곳에서 캐릭터가 튀어나올 텐데 내가 고른 굴뚝에서 꼭 캐릭터가 나올까요? 나온다면 그냥 '운'이 좋은 것뿐이죠. 운이 좋으면 내가 건 돈의 몇 배가 되는 돈을 받겠지요.

두 번째 사례를 볼까요? 스포츠 경기의 승패에 돈을 거는 게임을 했죠? 우리나라에서는 이른바 스포츠 토토라고 하는데, 이 스포츠 토토에서 역시 마찬가지입니다. 어느 축구팀이 이길지 아무도 알 수 없어요. 내가 고른 축구팀이 이기는 것은 그야말로 또 운이지요. 확실히 이긴다는 보장은 그 어디에도 없으니까요. 그런데 만약 내가 고른 팀이 이기면? 내가 배팅한 금액의 몇 배에 해당하는 돈을 벌어요.

바로 이런 부분을 사행성이라고 하고 이 두 가지 사례 속 게임이 단순한 게임이 아닌 도박이 되는 이유가 바로 이 사행성 때문이에요.

그런데 우리나라에서는 합법적인 사행성 게임이 있고 불법적인 사행성 게임이 있어요. 국가에서 인정하는 기관이 발행한 스포츠 토토, 역시 국가에서 인정한 경마나 경륜 정도만 합법적인 사행성 게임이에요. 대신 만 19세가 되지 않은 청소년은 합법적인 사행성 게임도 할 수 없어요.

친구가 게임으로 2시간 만에 10만 원 벌었대요!

국민체육진흥법 제30조 제1항에 따르면 체육진흥투표권은 청소년에게 판매하거나 환급금을 줄 수 없고, 이를 위반하면 체육진흥투표권을 발매하는 사업자는 3년 이하의 징역 또는 3천만 원 이하의 벌금형을 받아요.

또, 위의 법 제26조 제1항에 따르면 우리가 흔히 사설 스포츠 토토라고 부르는 유사투표권을 발행하는 행위는 금지돼요. 이런 행위를 한 사업자는 7년 이하의 징역이나 7천만 원 이하의 벌금형을 받아요.

그럼 우리가 본 두 번째 사례 속 청소년들처럼 사설 스포츠 토토를 했다면 어떻게 될까요? 이 경우에는 5년 이하의 징역이나 5천만 원 이하의 벌금형을 받습니다.

첫 번째 사례 속의 굴뚝 게임은 어떨까요? 사실 여기에서 언급한 굴뚝 게임뿐만 아니라 온라인 홀짝 주사위 게임이나 사다리 게임, 달팽이 레이싱 등 모두 사행성이 있는 게임들이에요. 이 게임들 역시 성인들 대상으로는 운영할 수 있지만, 청소년이 이 게임에 참여하게 하는 것은 국가에서 금지하고 있어요. 이런 게임을 운영하는 사람이 청소년들도 게임에 참여하게 했다면 사행행위 등 규제 및 처벌 특례법 제12조 제4호를 위반한 것으로 5년 이하의 징역 또는 5천만 원 이하의 벌금형을 받아요.

그렇다면 여러분이 가장 궁금할 부분이겠지요? 이 게임에 참여하여 도박을 한 사람은 어떻게 될까요?

우리나라 형법에서는 도박을 범죄로 규정하고 있어요. 도박을 한 사람은 형법 제246조에 따라 1천만 원 이하의 벌금형을 받고 상습적으로 도박을 하면 3년 이하의 징역 또는 2천만 원 이하의 벌금형을 받아요.

국가에서는 이렇게 정당한 근로의 대가에 의하지 않은 재물의 취득을 처벌하여 경제에 관한 건전한 도덕법칙을 보호하기 위해 도박행위를 범죄로 규정하고 있어요. 물론 잠깐 게임으로, 가족끼리 윷놀이를 하거나 친구끼리 사다리를 타서 간식 내기를 한 경우에는 처벌받지 않아요.

하지만 도박은 단순한 놀이가 아니라 과도한 사행성으로 한 사람의 경제적, 정신적 상황을 몹시 나쁘게 만들 수 있어요. 성인들도 도박의 유혹에 빠지면 빠져나오기가 매우 어려워요. 처벌을 받는다는 것보다도 더 큰 문제는, 이렇게 도박에 빠져 헤어나오지 못하고 반복되는 도박으로 빚을 지고 또 빚을 도박으로 따서 갚으려는 심리 때문에 돈을 빌려서 다시 도박을 하게 된다는 데 있어요. 결국 정상적인 경제활동을 못해서 자기 가족, 주변 사람들도 고통에 빠지게 하는 것이 바로 도박이에요.

그러니까 우리는 우리의 평범한 행복을 위해 절대 도박은 시작도 하지 않는 것이 좋겠죠?

꼭 알아두어야 할 법률 상식

### 국민체육진흥법

제26조(유사행위의 금지 등) ① 서울올림픽기념국민체육진흥공단과 수탁사업자가 아닌 자는 체육진흥투표권 또는 이와 비슷한 것을 발행(정보통신망에 의한 발행을 포함한다)하여 결과를 적중시킨 자에게 재물이나 재산상의 이익을 제공하는 행위(이하 "유사행위"라 한다)를 하여서는 아니 된다.

제30조(체육진흥투표권의 구매 제한 등) ① 수탁사업자는 「청소년보호법」 제2조 제1호에 따른 청소년에게 체육진흥투표권을 판매하거나 환급금을 내주어서는 안 된다.

제47조(벌칙) 다음 각 호의 어느 하나에 해당하는 자는 7년 이하의 징역이나 7천만원 이하의 벌금에 처한다.

2. 제26조 제1항을 위반한 자

제48조(벌칙) 다음 각 호의 어느 하나에 해당하는 자는 5년 이하의 징역이나 5천만원 이하의 벌금에 처한다.

3. 제26조 제1항의 금지행위를 이용하여 도박을 한 자

제49조(벌칙) 다음 각 호의 어느 하나에 해당하는 자는 3년 이하의 징역이나 3천만원 이하의 벌금에 처한다.

2. 제30조 제1항을 위반한 자.

## 사행행위 등 규제 및 처벌 특례법

제12조(영업자의 준수사항) 영업자(대통령령으로 정하는 종사자를 포함한다)는 다음 각 호의 사항과 제11조에 따른 영업의 방법 및 당첨금에 관하여 대통령령으로 정하는 사항, 영업시간 등의 제한 사항을 지켜야 한다.

4. 행정안전부령으로 정하는 사행행위영업의 영업소에 청소년(「청소년 보호법」 제2조제1호에 따른 청소년을 말한다. 이하 같다)을 입장시키거나 인터넷 등 정보통신망을 이용하는 사행 행위영업에 청소년이 참가하는 것을 허용하지 아니할 것

제30조(벌칙) ① 다음 각 호의 어느 하나에 해당하는 자는 5년 이하의 징역 또는 5천만원 이하의 벌금에 처한다.

5. 제12조 제4호를 위반하여 청소년을 입장시키거나 청소년의 참가를 허용하여 영업을 한 자

## 형법

제246조(도박, 상습도박) ① 도박을 한 사람은 1천만원 이하의 벌금에 처한다. 다만, 일시오락 정도에 불과한 경우에는 예외로 한다.

② 상습으로 제1항의 죄를 범한 사람은 3년 이하의 징역 또는 2천만원 이하의 벌금에 처한다.

**188**

# 공공장소에서의 법,
# 법과 관련된 직업은?

무면허운전 / 청소년보호 /
최저임금 등에 관한 법 / 법과 관련된 직업

청소년이 일할 수
없는 곳이 어딘지
궁금해요!

잠깐만 운전하는 건데,
안 되나요?

얼마 전 K시의 한 도로에 수상한 차가 한 대 나타났어요. 겉으로 보기에는 그저 도로를 달리고 있는 차로 보였지만 차선을 지키지 못하고 비뚤게 달리거나, 신호를 제대로 보지 못하고 운전하는 것처럼 보여 매우 아찔한 상황이 생기기도 했어요.

마침 이 차와 진행 방향이 같았던 뒤차의 운전자가 이 차의 움직임이 이상하다고 생각했어요. 그래서 이 차의 옆 차선으로 이동해서 이 차의 운전석 쪽을 확인해 보려고 했지요. 혹시 음주운전 차량이 아닌가 걱정이 되었기 때문이에요. 그런데 그때, 좌회전 신호를 받고서 좌회전을 하던 이 차가, 직진해서 들어오던 오토바이와 충돌하는 사고가 나버렸어요!

사고가 나자 뒤차의 운전자는 사고지점에 내려 상황을 살펴보기 시작했어요. 그때 뒤차의 운전자는 수상한 차량에서 내린 운전자의 얼굴을 보고 깜짝 놀라고 말았어요. 운전자가 너무 어려 보였거든요. 하지만 요새 동안도 많으니, 면허를 딴 지 얼마 안 되었을 수도 있겠지, 하고 생각하고 말았어요.

사고로 인해 심하게 다친 오토바이 운전자는 바로 병원으로 이송되었고, 출동한 경찰이 상황을 살펴본 다음 운전자에게 다가와 면허증을 요구했어요. 앳된 얼굴의 운전자는 머뭇거리다가 자신은 면허증이 없다고 말했어요. 그 말을 들은 뒤차 운전자는 깜짝 놀랐어요. 무면허였다니!

운전자의 신분을 확인하기 위해 신분증을 요구한 경찰에게 무면허 운전자는 다시 한번 놀라운 말을 했어요. 자신은 고등학교 1학년 학생이라는 거였어요.

불과 2년 전쯤에는 이런 일도 있었어요. 앞차가 이상하게 운전을 하고 있다고 생각한 뒤차의 운전자가 계속해서 앞차를 따라가던 중이었어요. 앞차가 결국 접촉사고를 내고 멈추자 앞차의 운전자를 확인하고 경악했던 사건이었지요. 당시 앞차 운전자는 초등학생이었기 때문이에요.

청소년 가운데 운전에 대한 호기심이 많은 사람이 있어요. 물론 해외에서는 청소년이 운전하는 예도 있어요. 캐나다의 앨버타주는 만 14세부터(한국 나이 15~16세) 면허를 취득할 수 있고, 독일은 만 17세부터 면허를 취득할 수 있어요.

이렇게 어린 나이에 운전할 수 있게 규정한 것은 그 국가의 지리적 여건 때문이에요. 캐나다의 경우는 국토가 넓어 차량으로 이동하지 않으면 학교에 가거나 마트에 가는 것도 매우 힘들고 불편할 수 있어요. 독일의 경우에 B17 면허는 승용차를 운전할 수 있는 면허인데, 만 17세부터 받을 수 있는 것은 맞아요. 하지만 동반자를 지정하고 만 18세가 될 때까지 그 사람과 함께 운전해야만 해요. 게다가 독일은 세계에서 가장 운전면허를 취득하기 어려운 나라여서 면허 취득 자체가 쉽지도 않아요.

그러니까 국가의 지리적 여건과 특수성을 고려하여 청소년이 운전할 수 있도록 하는 예도 있고, 제한적으로 운전면허를 취득할 수 있도록 해서 위험을 최소화하는 방법을 둔 국가도 있어요.

어쩌죠? 저, 면허가 없는데요!

우리나라에서는 만 18세(한국 나이 19~20세)부터 운전면허를 취득할 수 있어요. 대중교통 수단이 발달해 있고, 국토가 넓지 않은 우리나라는 이른 나이부터 운전이 필요하다고 할 수는 없어요. 운전이 필요하다면 만 18세가 되었을 때 면허를 취득한 다음 운전해야 해요.

앞의 사례처럼 무면허로 운전을 하면 법률상 처벌을 받아요. 사고가 나지 않았다고 하더라도 무면허로 운전했다는 사실만으로도 1년 이하의 징역이나 300만 원 이하의 벌금을 물 수 있어요.

운전하다가 사고가 난 경우에 대해 생각해 볼까요? 운전하다 사고가 나서 사람이 다쳤다면 형법상 업무상과실치상죄로 처벌받아야 해요. 그런데 모든 교통사고를 처벌하면 많은 국민이 전과자가 될 수 있어요. 그래서 통상의 교통사고에 대해서는 자동차종합보험에 가입되어 있거나 피해자가 처벌을 원하지 않으면 처벌하지 않도록 교통사고 특례법에 규정하고 있어요. 교통사고로 인해 처벌받지 않으려면 자동차종합보험에 가입하거나 피해자에게 피해보상을 해주고 합의를 해야 해서 피해보상이 빨리 이루어질 수 있어요. 다만 모든 교통사고에 대해 처벌이 이루어지지 않는다고 하면 사람들이 함부로 운전하여 교통사고가 잦아지고 피해 사례도 많아지겠지요. 그래서 교통사고처리 특례법은 사고결과가 중하거나 과실이 중대한 경우 등은 처벌하도록 하고 있어요.

사람이 죽었거나, 사람이 다쳤는데도 다친 사람을 돕고 보호하려고 하지 않았거나, 사고를 낸 자신이 어떤 사람인지, 연락처는 무엇인지 알리지 않고 도망을 치거나, 음주 측정 또는 채혈 측정 요구를 거부하거나, 신호 위반 및 안전표시 지시 위반, 중앙선 침범, 제한속도에서 20km를 넘는 과속, 앞지르기 방법·금지 시기·금지 장소 위반, 끼어들기 금지 위반, 철길 건널목 통과 방법 위반, 횡단보도 보행자 보호의무 위반, 무면허 운전, 음주 운전, 보도(사람들이 걸어 다니는 길) 침범, 승객추락 방지의무 위반, 어린이 보호구역 안전운전 의무 위반, 자동차 화물이 떨어지지 않도록 필요한 조치를 하지 않고 운전한 경우라면 형사처분을 피할 수 없어요. 다만, 사람이 다치지 않고 물건만 부서진 때에는 종합보험에 가입되었거나 피해자와 합의가 되었다면 위와 같은 예에 해당한다고 하더라도 처벌을 받지 않아요.

어떤 처벌을 받는가도 물론 중요하지만, 그보다 훨씬 중요한 것은 이와 같은 무면허 운전으로 인한 사고를 예방하는 거예요. 그래서 청소년 여러분은 운전에 대한 호기심이 생기더라도 만 18세가 되어 면허를 취득하기 전까지는 차를 가지고 나와 운전하는 일이 없도록 해야겠죠?

한 사람의 호기심이 다른 사람의 생명을 빼앗거나 신체에 큰 상처를 남기는 것은 우리 사회에도 매우 큰 손실이고 사회구성원들의 법감정으로도 용서받기 어려우니까요.

### 형법

제268조(업무상과실·중과실 치사상) 업무상과실 또는 중대한 과실로 인하여 사람을 사상에 이르게 한 자는 5년 이하의 금고 또는 2천만원 이하의 벌금에 처한다.

### 도로교통법

제82조(운전면허의 결격사유) ① 다음 각 호의 어느 하나에 해당하는 사람은 운전면허를 받을 수 없다.

1. 18세 미만(원동기장치자전거의 경우에는 16세 미만)인 사람

제152조(벌칙) 다음 각 호의 어느 하나에 해당하는 사람은 1년 이하의 징역이나 300만원 이하의 벌금에 처한다.

1. 제43조를 위반하여 제80조에 따른 운전면허(원동기장치자전거면허는 제외한다. 이하 이 조에서 같다)를 받지 아니하거나(운전면허의 효력이 정지된 경우를 포함한다) 또는 제96조에 따른 국제운전면허증을 받지 아니하고(운전이 금지된 경우와 유효기간이 지난 경우를 포함한다) 자동차를 운전한 사람

### 교통사고처리 특례법

제3조(처벌의 특례) ① 차의 운전자가 교통사고로 인하여 「형법」 제268조의 죄를 범한 경우에는 5년 이하의 금고 또는 2천만원 이하의 벌금에 처한다.

부모님이나 다른 어른들이 자동차를 운전해서 어디론가 편하게 이동하거나 가족 모두 함께 여행을 가거나 하는 모습을 보면 여러분은 때론 부러운 생각도 들고, 나도 한번 해보고 싶다는 생각을 하지요. 하지만 운전을 하려면 면허가 있어야 하고, 면허를 따려면 만 18살 이상이 되어야 한다는 도로교통법 규정이 있어 여러분은 아직 운전할 수 없어요.

오토바이도 마찬가지예요. 오토바이를 운전하려면 원동기 장치 자전거 운전면허를 따야 해요. 원동기 면허는 만 16살 이상 나이가 되어야 딸 수 있어요. 상황과 사물을 판단할 능력이 있다고 여겨질 정도로 성숙한 사람이어야 조심스럽게 운전할 수 있을 것이고, 사고를 낼 확률도 그만큼 줄어들게 될 테니까요.

그런데 최근에 자주 뉴스에서 만나는 기사가 있어요. 바로 청소년들이 무면허인 채로 운전을 하다가 사고를 낸 사건을 다룬 기사들이 그것이에요. 일정한 나이가 되기 전인 청소년이 운전할 수 없도록 법에서 규정하고 있음에도 불구하고 이런 일들은 우리 주변에서 심심찮게 일어나고 있다고 해요.

이런 사건 사고들을 다룬 기사를 보면 사고를 낸 청소년들은 부모님이 가지고 계신 자동차나, 부모님 또는 주변 어른들의 면허증으로 카쉐어링 서비스를 이용하여 인터넷으로 빌린 자동차를 운전했다가 사고를 낸 경우가 많아요. 중요한 것은 이 두 가지 행동 모두 법률에 저촉되는 행동이라는 것이에요. 운전할 수 없는 나이의 사람이 운전한 것도, 다른 사람의 면허증을 함부로 자신이 사용한 것도 모두 법률에서 금지하고 있는 일들이거든요.

그런데 이렇게 차를 가지고 나간 것도 범죄인데 여기에 더해 사고까지 냈다니, 정말 큰일이 아닐 수 없어요. 사고가 나면 운전한 사람도 놀라거나 다치고, 그 자동차에 부딪힌 사람들도 많이 다치게 돼요. 만약 사람이 다치지 않았다고 해도 차가 부서지거나 다른 사람의 물건을 부수게 될 수도 있습니다. 사고가 아주 크게 난 경우에는 운전한 사람도, 그 차에 치인 사람도 죽는 일이 일어나곤 해요.

그러면 사고가 났을 때 운전면허가 없이 운전한 사람에게는 어떤 책임이 있을까요? 도로교통법 제43조에서는 운전면허가 없는 사람은 운전할 수 없도록 하는 규정을 두고 있어요. 그리고 같은 법 제152조에서는 이 규정을 위반해서 면허 없이 운전을 한 사람에게 1년 이하의 징역이나 300만 원 이하의 벌금형을 내리도록 정하고 있어요.

그런데 무면허운전을 했다가 사고까지 나서 사람이 죽거나 다치거나 물건이 부서졌다면 어떤 처벌을 받을까요? 우선 운전자가 교통사고를 내서 사람이 죽었다면 교통사고처리 특례법 제3조에 따라 5년 이하의 금고 또는 2천만 원 이하의 벌금형이라는 처벌을 받아요. 과실로 사람이 다치거나 물건이 부서진 경우, 보험에 가입되어 있고 다친 사람과의

무면허로 운전했는데, 사고가 났다고요?

경찰 "10대 청소년 무면허 상태로 운전"

엄마, 저렇게 큰 사고가 나면 사고 낸 사람은 어떤 처벌을 받나요?

합의가 있다면 형사처벌을 받지 않을 수 있어요. 하지만 앞에서 본 것처럼 다친 사람을 버려두고 도망을 갔다거나 다친 사람의 생명이 위태롭거나 그 사고로 장애를 안게 되었거나, 중대한 과실이 있는 경우에는 처벌을 받게 될 수 있어요.

하지만 이런 처벌규정들은 어디까지나 운전자가 형법상 미성년자가 아닐 때 적용되는 것들입니다. 형법상 미성년자인 만 14세가 되지 않았다면 형사처벌을 받지 않거든요. 물론 전혀 아무런 조치도 취해지지 않는 것은 아니고, 운전한 사람이 만 10살 이상이라면 소년법상의 보호처분을 받게 됩니다.

그래서 청소년들이 낸 교통사고로 인해 사람들이 크게 다치거나 죽고, 물건이 부서지는 일들이 발생해도 미성년자라는 이유로 강한 처벌이 이루어지지 않는 것에 대해 문제의식을 지닌 사람들도 많아요.

청소년들이 잠깐의 호기심 때문에 일으킨 사고로 어떤 사람은 크게 다쳐 평생 없어지지 않을 상처를 안고 살아야 하거나 귀한 목숨을 잃고, 가족들의 생계를 책임지는 가게와 가게의 물건이 부서지는 심각한 피해가 생기는데 사고를 일으킨 사람은 단지 나이가 어리다는 이유로 가벼운 처벌에 그치거나, 형사처벌을 전혀 받지 않게 된다는 사실이 일반 국민의 생각과는 맞지 않는다고 느끼기 때문이에요. 이런 이유로 형사 미성년자의 나이를 더 낮추어야 한다고 요구하는 목소리도 커지고 있고요.

그러나 형사 미성년자의 나이를 만 14세 미만으로 정하고 있고, 소년법에서 소년들을 보호하여 몸과 마음이 모두 건강하게 성장하도록 하는 규정들을 두고 있어 청소년들이 범죄 행위를 하더라도 성인들과 같은 처벌을 받지 않는 것일 뿐, 무면허 운전으로 사고를 낸 청소년들의 행동이 용서받을 수 있는 행동이었다는 것은 아니에요. 이 세상에 사는 그 어떤 사람도 다른 사람의 생명이나 신체에 해를 입히거나 물건을 파괴

하는 행위를 할 권리를 가진 것은 아니기 때문이지요.

다만 아직 성장 중인 사람이기 때문에 모든 상황 판단이 정확했다고 할 수 없고, 감정이나 욕구를 스스로 억제하지 못할 수도 있을 정도로 미성숙한 사람이기에 청소년들을 올바른 길로 인도하고 바르게 성장할 수 있도록 범죄 행위를 했을 때 성인과 같은 수준의 처벌을 하지 않는 것뿐이거든요.

그래서 우리는 우리 스스로 더 성장해야 한다는 점을 알고, 가정과 국가에서 정한 규칙을 준수하며 타인에게 해를 입히는 행동을 하지 않을 수 있도록 해야 해요. 호기심은 호기심일 뿐 실행에 옮기지 않아야 할 호기심도 있다는 것, 청소년이 할 수 없는 일들은 모두 '위험'에 빠질 수 있기 때문이라는 것도 알아두는 것이 좋겠어요.

## 형법

제9조(형사미성년자) 14세 되지 아니한 자의 행위는 벌하지 아니한다.

제268조(업무상과실·중과실 치사상) 업무상과실 또는 중대한 과실로 인하여 사람을 사상에 이르게 한 자는 5년 이하의 금고 또는 2천만원 이하의 벌금에 처한다.

## 도로교통법

제43조(무면허운전 등의 금지) 누구든지 제80조에 따라 시·도경찰청장으로부터 운전면허를 받지 아니하거나 운전면허의 효력이 정지된 경우에는 자동차등(개인형 이동장치는 제외한다)을 운전하여서는 아니 된다.

제151조(벌칙) 차 또는 노면전차의 운전자가 업무상 필요한 주의를 게을리하거나 중대한 과실로 다른 사람의 건조물이나 그 밖의 재물을 손괴한 경우에는 2년 이하의 금고나 500만원 이하의 벌금에 처한다.

제152조(벌칙) 다음 각 호의 어느 하나에 해당하는 사람은 1년 이하의 징역이나 300만원 이하의 벌금에 처한다.

1. 제43조를 위반하여 제80조에 따른 운전면허(원동기장치자전거면허는 제외한다. 이하 이 조에서 같다)를 받지 아니하거나(운전면허의 효력이 정지된 경우를 포함한다) 또는 제96조에 따른 국제운전면허증을 받지 아니하고(운전이 금지된 경우와 유효기간이 지난 경우를 포함한다) 자동차를 운전한 사람

## 교통사고처리 특례법

제3조(처벌의 특례) ① 차의 운전자가 교통사고로 인하여 「형법」 제268조의 죄를 범한 경우에는 5년 이하의 금고 또는 2천만원 이하의 벌금에 처한다.

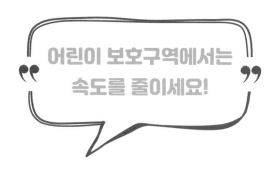

여러분 모두 초등학교 주변 도로에서 삼각형 모양의 길을 건너는 어린이가 그려진 표지판을 보거나, 바닥에 '어린이 보호구역'이라는 문구가 있거나, 노란색 선, 길바닥과 벽에 노란색 삼각형이 그려져 있는 것을 본 적이 있을 거예요. 그리고 여러분이 차를 타고 이동하는 중이라면 어린이 보호구역임을 알리는 내비게이션의 안내 음성도 한 번쯤은 들어본 적이 있을 테고요. 모두 '어린이 보호구역', 이른바 스쿨존을 표시하고 알리는 수단들이에요.

도로교통법 제12조에 따르면, 어린이를 보호하는 데 필요하다고 인정하는 경우, 유치원, 초등학교, 특수학교, 어린이집, 학원, 외국인학교 또는 대안학교, 외국 교육기관 중 유치원·초등학교 교과과정이 있는 학교 주변 도로 중 일정 구간을 어린이 보호구역으로 지정할 수 있고, 이 구역에서는 자동차 등과 노면전차(도로 위에 만들어진 레일 위를 달리는 전차로 트램 같은 것을 말해요)의 통행속도를 시속 30킬로미터 이내로 제한할 수 있도록 규정하고 있어요.

어린이들은 아직 발달 중인 사람들이기 때문에 키가 작은 편이고 따라서 눈높이도 성인들보다 아주 낮고, 소리에 대한 반응 속도도 늦은 편이라고 합니다. 그래서 걸어 다닐 때나 횡단보도를 건널 때 앞만 보고 다니는 경우가 많고, 차가 다가오기 전에 피하기도 어렵다고 해요. 그래서 어린이들이 자주 다니는 어린이집, 학교 등 주변 도로에서 어린이가 교통사고 피해를 보는 일이 자주 발생하자 이렇게 어린이들이 자주 다니는 곳의 주변 도로에 어린이 보호구역을 지정할 수 있도록 했어요.

어린이 보호구역을 지정할 수 있게 된 것은 1995년부터예요. 당시 법에서는 유치원과 초등학교의 주변 도로 중 일정 구간을 어린이 보호구역으로 지정하여 차의 통행을 제한하거나 금지하는 등 필요한 조치를 할 수 있도록 규정하고 있었어요. 그 전까지는 차가 자주 다니는 번잡한 도로에서 보호자가 어린이를 보호해야 한다는 규정만 있었을 뿐, 따로 어린이들이 자주 다니는 곳을 지정하고 그 주변 도로를 지나는 차들의 통행을 제한하거나 속도 제한을 두는 등의 규정을 두지는 않았어요.

지금은 어린이집이나 초등학교 등의 주변 도로에는 이곳이 '어린이 보호구역'임을 아주 잘 알 수 있도록 여러 가지 표시를 해두어 교통사고를 예방하고 어린이들이 안전하게 다닐 수 있게 하고 있어요.

그런데도 여전히 어린이 보호구역에서 교통사고가 자주 발생하고 있어요. 2019년 어린이 보호구역에서는 총 567건의 교통사고가 발생했는데, 이것은 그 전년도인 2018년도의 사고 건수인 435건보다 무려 30% 높아진 수치라고 해요. 그리고 지난 5년간 어린이 보호구역에서 발생한 교통사고로 사망한 어린이는 모두 31명, 다친 어린이는 2,581명에 달한다고 해요.*

* 2020년 행정안전부 국회 제출자료를 참고했어요.

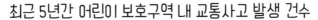

어린이 보호구역에서는 30km 이하로 서행하세요!

## 최근 5년간 어린이 보호구역 내 교통사고 발생 건수

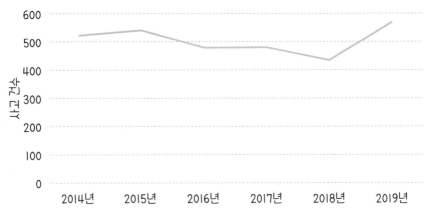

2019년 말에는 도로교통법 일부와 특정범죄 가중처벌 등에 관한 법률 일부가 개정되었어요. 이에 따르면 지방경찰청장, 경찰서장 또는 시장 등은 어린이 보호구역에서 통행속도 30km 제한조치를 준수하고 어린이의 안전에 유의하며 운전하지 않는 행위를 단속하기 위해 어린이 보호구역의 도로 중에서 행정안전부령으로 정하는 곳에 무인 교통단속용 장비를 설치해야 해요. 그리고 시장 등은 어린이 보호구역으로 지정한 시설의 주 출입문과 가장 가까운 거리에 있는 횡단보도의 신호기, 속도제한 및 횡단보도에 관한 안전표지, 도로 부속물 중 과속방지시설 및 차량 미끄럼 방지시설, 그 밖의 시설 또는 장비(보호구역 도로표지, 도로반사경, 방호 울타리 등)를 우선 설치하거나 관할 도로관리청에 해당 시설이나 장비의 설치를 요청해야 하고요.

그리고 만약 자동차와 오토바이의 운전자가 어린이 보호구역에서 통행속도 30km 이내로 제한하는 조치를 준수하지 않고 어린이의 안전에 유의하면서 운전하여야 할 의무를 위반하여 어린이에게 상해를 입히거나 사망에 이르게 한 경우에는 그 운전자는 교통사고처리 특례법상의 규정보다 무겁게 처벌해요. 특정범죄 가중처벌 등에 관한 법률 제5조의 13에 따라 어린이가 상해를 입었다면 1년 이상 15년 이하의 징역 또는 500만 원 이상 3천만 원 이하의 벌금을 물리고, 어린이가 사망에 이르게 되었다면 무기 또는 3년 이상의 징역에 처하지요.

어린이는 아직 신체적·정신적으로 발달이 완성되지 않은 사람들이기 때문에 건강하고 안전하게 생활하여 온전히 성장할 권리를 가지고 있어요. 그리고 이를 위해 국민은 어린이의 건강하고 안전한 생활을 위한 규범을 만들고 지켜나갈 의무가 있지요. 어린이 보호구역의 지정과 각종 시설 및 장비의 설치, 그리고 이 구역 내에서의 통행 속도 제한 및 제한 조치 위반에 의한 사고 발생 시 처벌의 정도를 강화한 것 역시 어린이의 안전을 보장하여 온전히 성장하도록 하기 위한 것이라고 할 수 있어요.

### 🗣️ 꼭 알아두어야 할 법률 상식

## 도로교통법

제12조(어린이 보호구역의 지정 및 관리) ① 시장 등은 교통사고의 위험으로부터 어린이를 보호하기 위하여 필요하다고 인정하는 경우에는 다음 각 호의 어느 하나에 해당하는 시설의 주변도로 가운데 일정 구간을 어린이 보호구역으로 지정하여 자동차등과 노면전차의 통행속도를 시속 30킬로미터 이내로 제한할 수 있다.

1. 「유아교육법」 제2조에 따른 유치원, 「초·중등교육법」 제38조 및 제55조에 따른 초등학교 또는 특수학교

2. 「영유아보육법」 제10조에 따른 어린이집 가운데 행정안전부령으로 정하는 어린이집

3. 「학원의 설립·운영 및 과외교습에 관한 법률」 제2조에 따른 학원 가운데 행정안전부령으로 정하는 학원

4. 「초·중등교육법」 제60조의2 또는 제60조의3에 따른 외국인학교 또는 대안학교, 「제주특별자치도 설치 및 국제자유도시 조성을 위한 특별법」 제223조에 따른 국제학교 및 「경제자유구역 및 제주국제자유도시의 외국교육기관 설립·운영에 관한 특별법」 제2조제2호에 따른 외국교육기관 중 유치원·초등학교 교과과정이 있는 학교

② 제1항에 따른 어린이 보호구역의 지정절차 및 기준 등에 관하여 필요한 사항은 교육부, 행정안전부 및 국토교통부의 공동부령으로 정한다.

③ 차마 또는 노면전차의 운전자는 어린이 보호구역에서 제1항에 따른 조치를 준수하고 어린이의 안전에 유의하면서 운행하여야 한다.

④ 지방경찰청장, 경찰서장 또는 시장등은 제3항을 위반하는 행위 등의 단속을 위하여 어린이 보호구역의 도로 중에서 행정안전부령으로 정하는 곳에 우선적으로 제4조의2에 따른 무인 교통단속용 장비를 설치하여야 한다.

⑤ 시장 등은 제1항에 따라 지정한 어린이 보호구역에 어린이의 안전을 위하여 다음 각 호에 따른 시설 또는 장비를 우선적으로 설치하거나 관할 도로관리청에 해당 시설 또는 장비의 설치를 요청하여야 한다.

1. 어린이 보호구역으로 지정한 시설의 주 출입문과 가장 가까운 거리에 있는 간선도로상 횡단보도의 신호기

2. 속도 제한 및 횡단보도에 관한 안전표지

3. 「도로법」 제2조제2호에 따른 도로의 부속물 중 과속방지시설 및 차마의 미끄럼을 방지하

기 위한 시설

4. 그 밖에 교육부, 행정안전부 및 국토교통부의 공동부령으로 정하는 시설 또는 장비

## 특정범죄 가중처벌 등에 관한 법률

제5조의 13(어린이 보호구역에서의 어린이 치사상의 가중처벌) 자동차(원동기장치자전거를 포함한다)의 운전자가 「도로교통법」 제12조제3항에 따른 어린이 보호구역에서 같은 조 제1항에 따른 조치를 준수하고 어린이의 안전에 유의하면서 운전하여야 할 의무를 위반하여 어린이(13세 미만인 사람을 말한다. 이하 같다)에게 「교통사고처리 특례법」 제3조제1항의 죄를 범한 경우에는 다음 각 호의 구분에 따라 가중처벌한다.

1. 어린이를 사망에 이르게 한 경우에는 무기 또는 3년 이상의 징역에 처한다.

2. 어린이를 상해에 이르게 한 경우에는 1년 이상 15년 이하의 징역 또는 500만원 이상 3천만원 이하의 벌금에 처한다.

## 교통사고처리 특례법

제3조(처벌의 특례) ① 차의 운전자가 교통사고로 인하여 「형법」 제268조의 죄를 범한 경우에는 5년 이하의 금고 또는 2천만원 이하의 벌금에 처한다.

이런 일로도 처벌을 받는다고요?

우리는 집 밖을 나서면 전혀 알지 못하는 아주 많은 사람과 길에서 마주치지요. 우리를 포함한 그 많은 사람 대부분은 목적지를 향해 바쁜 발걸음을 옮기느라 주변을 신경 쓰며 다니지 못하는 경우가 많아요.

그런데 길가의 어떤 곳에 사람들이 많이 모여 있다거나 누군가 아주 큰 소리를 지르며 화를 낸다거나 쓰레기가 발에 걸렸다거나 무엇인가가 길에 잔뜩 뿌려져 있다면 어떤 사람이든 신경이 쓰일 거예요.

이렇게 길을 가던 사람들이 한 번쯤 신경 쓰는 일, 평소에는 그런가 보다 하고 그냥 지나칠 수도 있는 일 중에도 법적으로 '처벌'을 받을 수 있는 행동들이 있다는 것 혹시 알고 있나요?

자, 여러분이 방금 학교에 가려고 집에서 나왔다고 생각해 볼게요. 집 밖에 세워진 우리 집 차와 앞집 차에 무엇인가가 붙어 있는 것을 보았어요. 비가 왔을 때 차의 앞 유리를 닦는 와이퍼에 끼워져 있던 그것은 바로 광고지였어요. 학원, 세차, 대출 등 종류도 참 다양해요. 여러분은 이

광고지를 떼어 내 쓰레기통에 버릴 거예요. 그리고 학교를 향해 계속 걸어가요.

왕복 4차선의 넓은 도로가 있는 큰길로 나와서 걷고 있어요. 아침이라 청소하는 분들도 계시고, 이제 막 문을 여는 가게들도 보이네요. 앗, 그런데 길바닥에 한가득 하얗게 깔린 것이 보여요. 역시 광고지였네요. 늦은 저녁부터 밤사이에 뿌려진 노래방, 클럽 등을 홍보하는 명함만 한 크기의 광고지들이 잔뜩 깔려 있어서, 원래 길이 어떤 색이었는지조차 보이지 않네요. 청소하는 분들도 광고지들을 쓸어 담느라 고생이 많으시네요.

사실 길에는 광고지뿐만 아니라 껌, 휴지, 담배꽁초 등도 곳곳에 떨어져 있어요. 보기에도 참 지저분하고, 다닐 때도 불편하지요. 하지만 감사하게도 청소가 되고 있으니 다행이라 생각하며 계속 학교를 향해 걸어요.

길을 건너면 공원이 하나 나오고, 공원을 지나면 바로 학교네요. 공원 쪽으로 걸어오니 주인과 함께 산책하고 있는 강아지가 보여요. 너무 귀여워서 눈을 돌리기 아쉽다는 생각을 할 때쯤, 갑자기 강아지가 길옆 낮은 풀숲으로 향하더니 대변을 보네요. 어라? 그런데 주인이 치우지도 않고 강아지와 함께 공원을 벗어나 버리네요. 저절로 얼굴이 찌푸려져요.

이렇게 학교에 도착할 때까지 길에서 여러 가지 모습들을 보았어요. 차에 꽂혀 있거나 길에 뿌려져 있던 광고지, 버려져 있던 껌과 휴지, 담배꽁초, 공원에서 본 치워지지 않은 강아지 대변까지.

그런데 바로 이런 행위들은 모두 '경범죄 처벌법'에서 금지하고 있는 행위예요. 다른 사람의 집이나 자동차 등에 함부로 광고물을 붙이거나 공공장소에서 광고물들을 함부로 뿌린 사람, 담배꽁초, 껌, 휴지 등의 쓰레기를 함부로 아무 곳에나 버린 사람, 그리고 길이나 공원같이 사람

길에다 광고지를 잔뜩 뿌리는 사람은 처벌 못 하나요?

들이 많이 모이거나 다니는 곳에 강아지가 대변을 보게 하고 치우지 않은 사람 모두 경범죄 처벌법 제3조 제1항을 위반한 것이기 때문에 10만 원 이하의 벌금을 내거나 구류 또는 과료의 처벌을 받아요.

가만히 생각해 보면 처벌까지 받아야 할 행동일까 싶을 수도 있어요. 하지만 이런 행동으로 인해서 우리나라 사람들 모두가 함께 사용하는 공공장소와 도로가 더럽혀지고, 더럽혀진 도로를 이용하는 많은 사람이 불편을 느껴요. 그래서 경범죄 처벌법에서는 이렇게 공공질서를 유지하고 국민이 공공장소에서 충분히 자신의 자유와 권리를 누릴 수 있게 하려고 중대한 범죄가 아닌 아주 가벼운 범법행위라도 처벌하도록 하고 있어요.

씹던 껌도, 주머니에 가지고 있던 휴지도, 내 가게를 홍보하기 위한 광고물도, 강아지의 배설물도 함부로 공공장소에 놓이거나 버려진다면 다른 사람들에게는 불쾌감과 불편함을 주는 것이 되고, 법적 처벌도 받게 될 수 있으니 항상 주의해야 한다는 것, 꼭 기억해 두세요.

운 좋게 처벌을 받지 않더라도 이런 행동들은 모두 다른 사람들과 함께 사용하는 공간을 더럽혀서 모두가 즐겁고 행복하게 공동공간을 사용하지 못하도록 하는 옳지 못한 행동이라는 것도 꼭 기억해야겠죠?

## 경범죄 처벌법

제1조(목적) 이 법은 경범죄의 종류 및 처벌에 필요한 사항을 정함으로써 국민의 자유와 권리를 보호하고 사회공공의 질서유지에 이바지함을 목적으로 한다.

제3조(경범죄의 종류) ① 다음 각 호의 어느 하나에 해당하는 사람은 10만원 이하의 벌금, 구류 또는 과료(科料)의 형으로 처벌한다.

9.(광고물 무단부착 등) 다른 사람 또는 단체의 집이나 그 밖의 인공구조물과 자동차 등에 함부로 광고물 등을 붙이거나 내걸거나 끼우거나 글씨 또는 그림을 쓰거나 그리거나 새기는 행위 등을 한 사람 또는 다른 사람이나 단체의 간판, 그 밖의 표시물 또는 인공구조물을 함부로 옮기거나 더럽히거나 훼손한 사람 또는 공공장소에서 광고물 등을 함부로 뿌린 사람

11.(쓰레기 등 투기) 담배꽁초, 껌, 휴지, 쓰레기, 죽은 짐승, 그 밖의 더러운 물건이나 못쓰게 된 물건을 함부로 아무 곳에나 버린 사람

12.(노상방뇨 등) 길, 공원, 그 밖에 여러 사람이 모이거나 다니는 곳에서 함부로 침을 뱉거나 대소변을 보거나 또는 그렇게 하도록 시키거나 개 등 짐승을 끌고 와서 대변을 보게 하고 이를 치우지 아니한 사람

우리는 앞에서 어린이 보호구역에 대해 알아보았어요. 차가 쌩쌩 다니는 도로에서는 어린이뿐만 아니라 노인들이나 장애가 있는 사람들도 위험에 처하게 될 때가 많아요. 그래서 노인과 장애인들이 다치지 않게 하려고 도로교통법에는 정해진 시설 주변 도로 중 일정 부분을 노인보호구역, 장애인보호구역으로 정하여 자동차가 일정 속도 이하로 다니도록 하거나 다니지 못하도록 규정되어 있어요.

어린이들은 눈높이가 낮고, 소리에 대한 반응 속도가 느려, 차가 다가왔을 때 피하기 어렵다는 특성이 있어요. 이 때문에 교통사고를 당할 가능성이 크니 어린이들을 교통사고로부터 보호하기 위해서 어린이 보호구역을 정해둔 것이고요.

노인과 장애인들도 마찬가지예요. 나이가 들면 그 전처럼 자신에게 닥친 위험을 빠르게 알아차리고 피할 수 있는 능력이 떨어져요. 그래서 빠르게 달려오는 차를 보고 피하려고 해도 생각처럼 몸이 빨리 움직이지 못하거든요.

과속이었을 뿐인데,
범칙금이 왜
이렇게 많이
나왔지!?

또, 정신적·신체적 장애가 있는 사람들 역시 각자가 가지고 있는 장애 때문에 달려오는 차를 피하기 어려워 교통사고를 당할 위험이 커져요.

그래서 양로원이나 경로당, 노인복지시설, 공원, 생활체육시설, 노인들이 자주 다니는 시설과 장애인복지시설 주변 도로 중 일부를 노인보호구역과 장애인보호구역으로 지정하여 이 도로를 지나는 차량의 통행 속도를 시속 30킬로미터로 제한하고 주정차를 금지하고 있어요.

그렇다면, 노인보호구역과 장애인보호구역에서 만약 시속 30킬로미터를 넘는 속도로 운전한다면 어떻게 될까요?

교통약자 보호구역 범칙금

| 위반행위 | | 승용자동차 기준 | |
|---|---|---|---|
| | | 일반도로 | 보호구역 |
| 통행금지 제한 위반 | | 4만 원 | 8만 원 |
| 주·정차위반 | | 4만 원 | 8만 원 |
| 속도위반 | 40km/h 초과 | 9만 원 | 12만 원 |
| | 20~40km/h | 6만 원 | 9만 원 |
| | 20km/h | 3만 원 | 6만 원 |
| 신호·지시위반 | | 6만 원 | 12만 원 |
| 보행자보호 의무불이행 | 횡단보도 | 6만 원 | 12만 원 |
| | 일반도로 | 4만 원 | 8만 원 |

위의 표에서 확인할 수 있는 것처럼 제한속도 30킬로미터보다 높은 속도로 운전을 하면 일반도로에서보다 더 많은 범칙금을 내야 해요.

'교통약자 보호구역'은 노인과 장애인 보호를 위해 주정차도 금지되어 이 구역에 차를 세워 두었다면 일반도로에서 주정차 금지를 위반했을 때의 2배에 해당하는 범칙금을 내야 해요.

어린이는 언젠가는 성장해서 성인이 되었다가 노인이 되고, 태어날 때부터 장애가 있는 사람들도 있지만, 불의의 사고나 질병으로 장애를 가지게 된 사람들도 있어요. 우리는 언젠가 노인이 되거나 장애인이 될 수도 있어요. 그리고 그들도 일반 성인들과 똑같이 안전하게 도로를 이용할 권리가 있어요. 이런 이유로 이들의 권리를 지켜 주는 것은 매우 당연한 일이고, 우리 스스로 권리를 지키는 일이기도 해요.

사실 일반도로에서보다 범칙금이 훨씬 높으니 '교통약자 보호구역'의 제한속도나 주정차금지 규범을 지켜야 한다기보다는 이렇게 교통약자의 권리를 지키는 것이 우리의 권리를 지키는 일이기 때문에 '교통약자 보호구역'의 제한속도, 주정차금지 규범을 지키자는 것이지요.

부모님이 운전할 때 주의하실 수 있도록, 그리고 앞으로 여러분이 성인이 되어 운전하게 되었을 때 항상 주의할 수 있도록 우리 모두 '교통약자 보호구역' 지정의 의미를 꼭 기억해 두자고요!

## 도로교통법

제12조의2(노인 및 장애인 보호구역의 지정 및 관리) ① 시장 등은 교통사고의 위험으로부터 노인 또는 장애인을 보호하기 위하여 필요하다고 인정하는 경우에는 제1호부터 제3호까지 및 제3호의2에 따른 시설의 주변도로 가운데 일정 구간을 노인 보호구역으로, 제4호에 따른 시설의 주변도로 가운데 일정 구간을 장애인 보호구역으로 각각 지정하여 차마와 노면전차의 통행을 제한하거나 금지하는 등 필요한 조치를 할 수 있다.

1. 「노인복지법」 제31조에 따른 노인복지시설 중 행정안전부령으로 정하는 시설

2. 「자연공원법」 제2조제1호에 따른 자연공원 또는 「도시공원 및 녹지 등에 관한 법률」 제2조제3호에 따른 도시공원

3. 「체육시설의 설치·이용에 관한 법률」 제6조에 따른 생활체육시설

3의2. 그 밖에 노인이 자주 왕래하는 곳으로서 조례로 정하는 시설

4. 「장애인복지법」 제58조에 따른 장애인복지시설 중 행정안전부령으로 정하는 시설

② 제1항에 따른 노인 보호구역 또는 장애인 보호구역의 지정절차 및 기준 등에 관하여 필요한 사항은 행정안전부, 보건복지부 및 국토교통부의 공동부령으로 정한다.

③ 차마 또는 노면전차의 운전자는 노인 보호구역 또는 장애인 보호구역에서 제1항에 따른 조치를 준수하고 노인 또는 장애인의 안전에 유의하면서 운행하여야 한다.

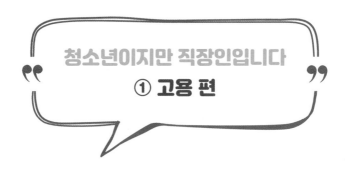

휴대폰도 사고 싶고, 스마트워치도 갖고 싶고, 화장품도 사야 하는데 부모님께 사달라고 하기 어려울 때가 있어요. 때로는 용돈이 부족할 때도 있고요.

청소년들은 이럴 때 보통 '내가 지금 돈을 벌 수 있을까?', '어떻게 돈을 벌어야 하지?'라는 생각을 한 번쯤 하곤 하지요. 15살인 청소년은 과연 지금 돈을 벌 수 있을까요?

한 가지 사례를 더 볼까요? 윤서는 초등학교 6학년이지만 연예인이 꿈이어서 연예기획사의 연습생으로 활동하고 있었어요. 그러던 중 소속사로부터 오디션 방송 프로그램에 출연하게 되었다는 연락을 받았어요. 윤서는 과연 이 오디션 방송 프로그램에 출연할 수 있는 나이일까요?

청소년들은 일정한 나이가 되어야 일을 할 수 있도록 법률에 규정되어 있어요. 법률에 따르면, 원칙적으로 15세 미만인 사람은 일할 수 없고 15살은 되어야 일할 수 있어요. 대신, 만 15세 미만이더라도 고용노동부 장관이 발급한 취직인허증을 가지고 있는 청소년이라면 일을 할 수 있어요. 물론 이때에도 만 13살은 넘어야만 해요.

그렇다면 만 13세가 되지 않은 사람은 전혀 일할 수 없는 것일까요? 물론 그렇지는 않아요. 아주 예외적으로 일을 할 수 있는 예가 있어요. 바로 예술공연에 참가하는 경우예요.

내용이 조금 복잡하다고요? 아래의 표를 보면서 정리해 보도록 해요.

| 나이 구분 | 일을 할 수 있을까? | 필요한 서류는? |
|---|---|---|
| 만 13세 미만 | 예술공연 참가만 가능 | 취직인허증, 가족관계증명서, 법정후견인 동의서 |
| 만 13세~만 15세 미만 | 취직인허증을 받으면 가능 | 취직인허증, 가족관계증명서, 법정후견인 동의서 |
| 만 15세~만 18세 미만 | 가능 | 가족관계증명서, 법정후견인 동의서 |
| 만 18세 이상 | 가능 | 서류 없음 |

자, 이제 다시 사례로 돌아가 볼까요?

15살, 사고 싶은 것이 많았던 이 학생은 일할 수 있을까요? 네, 맞아요. 학생은 일할 수 있어요. 다만 15살이라는 나이가 만 나이라면 가족관계증명서와 법정후견인의 동의서를 받아서 일할 수 있고, 한국 나이로 15살이라면 취직인허증까지 받아야 일할 수 있어요.

그렇다면 연예인이 꿈인 초등학교 6학년 윤서의 경우는 어떨까요? 초등학교 6학년이라면 한국 나이 13세. 그러니까 만으로는 생일이 지나지 않은 11살, 생일이 지났다면 12살이겠지요? 이 나이의 사람들은 원칙적으로 일을 할 수 없지만 예술공연, 그러니까 오디션 프로그램에 나와서 춤을 추고 노래를 하는 등의 경연을 펼치는 활동을 하는 경우라면 예술공연에 해당하므로 일할 수 있어요. 따라서 윤서는 취직인허증과 가족관계증명서, 법정후견인 동의서 등의 서류를 갖춘다면 이 오디션 프로그램

에 나와서 공연을 할 수 있고 정해진 출연료도 받을 수 있어요.

이제, 근로계약서 이야기를 좀 해볼까요? 어떤 경우이든 사람을 고용하고자 하는 사람과 일을 하고자 하는 사람 사이에는 근로계약서를 반드시 작성하여야 하고, 그 근로계약서에는 근로조건과 관련된 중요한 사항들이 모두 들어 있어야 해요. 근로기간, 근무시간, 근무장소, 해야 하는 업무, 급여, 휴일, 연차 유급휴가 등이 바로 근로조건과 관련된 중요한 사항이에요. 이 내용은 꼭 근로계약에 포함되어야 합니다.

근로기준법상 사용자, 그러니까 사장님과 18세 미만인 청소년이 근로계약을 체결한다면 위의 근로조건을 서면으로 명시해서 청소년에게 줄 수 있어야 해요. 다시 말해 근로조건을 명시한 서면인 근로계약서는 꼭 써야 해요. 만약 이를 위반해서 근로계약서를 작성하여 근로자에게 주지 않았다면 사장님은 최대 500만 원의 벌금형을 받아요.

그럼 이제 우리 청소년들도 내가 어떤 서류를 갖추고, 어느 정도 나이가 되어야 일을 할 수 있는지를 알았고, 근로계약서를 반드시 작성해야 한다는 것도 알았네요.

다음 장에서는 구체적으로 청소년들이 일하게 될 경우의 근로조건들에 대해서 알아보도록 해요.

## 근로기준법

제64조(최저 연령과 취직인허증) ① 15세 미만인 사람(「초·중등교육법」에 따른 중학교에 재학 중인 18세 미만인 사람을 포함한다)은 근로자로 사용하지 못한다. 다만, 대통령령으로 정하는 기준에 따라 고용노동부장관이 발급한 취직인허증(就職認許證)을 지닌 사람은 근로자로 사용할 수 있다.

제66조(연소자 증명서) 사용자는 18세 미만인 사람에 대하여는 그 연령을 증명하는 가족관계기록사항에 관한 증명서와 친권자 또는 후견인의 동의서를 사업장에 갖추어 두어야 한다.

제67조(근로계약) ① 친권자나 후견인은 미성년자의 근로계약을 대리할 수 없다.

② 친권자, 후견인 또는 고용노동부장관은 근로계약이 미성년자에게 불리하다고 인정하는 경우에는 이를 해지할 수 있다.

③ 사용자는 18세 미만인 사람과 근로계약을 체결하는 경우에는 제17조에 따른 근로조건을 서면(「전자문서 및 전자거래 기본법」 제2조 제1호에 따른 전자문서를 포함한다)으로 명시하여 교부하여야 한다.

제114조(벌칙) 다음 각 호의 어느 하나에 해당하는 자는 500만원 이하의 벌금에 처한다.

1. 제6조, 제16조, 제17조, 제20조, 제21조, 제22조제2항, 제47조, 제53조제3항 단서, 제67조제1항·제3항, 제70조제3항, 제73조, 제74조제6항, 제77조, 제94조, 제95조, 제100조 및 제103조를 위반한 자

## 근로기준법 시행령

제35조(취직인허증의 발급 등) ① 법 제64조에 따라 취직인허증을 받을 수 있는 자는 13세 이상 15세 미만인 자로 한다. 다만, 예술공연 참가를 위한 경우에는 13세 미만인 자도 취직인허증을 받을 수 있다.

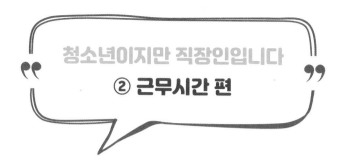

청소년이지만 직장인입니다
② 근무시간 편

우리는 이미 앞부분에서 일하려면 어느 정도의 나이가 되어야 하는지, 어떤 서류를 내야 하는지 등을 알아보았어요. 그러면 이제, 여러분이 어떤 장소에서 일할 수 있는지, 몇 시간이나 일하고, 어느 정도의 급여를 받을 수 있는지에 대해 알아볼까요?

사실, 일을 할 수 있는 나이가 되었다고 해서 모든 일을 다 할 수 있는 것은 아니에요. 만 18세 미만인 청소년들이 일할 수 없는 장소 또는 할 수 없는 직종이 있거든요. 일반적으로 도덕적으로나 보건상 청소년에게 유해하거나 위험한 일은 청소년들이 할 수 없어요. 따라서 이런 일을 하는 곳이 있다면 피하고 알바할 곳을 찾아야겠지요?

근로기준법 시행령에 18세 미만 청소년들이 할 수 없는 일이 규정되어 있어요. 광산에서 광물을 채취하기 위해 파놓은 구덩이 안에서 일을 해야 한다거나, 고압 작업이나 잠수 작업, 청소년 보호법 등 다른 법률에서 18세 미만 청소년의 고용이나 출입을 금지하고 있는 직종이나 업종, 교도소나 정신병원, 소각 또는 도살과 관련된 일, 주유소의 주유 업무를 제외하고 유류를 다루는 업무, 독성이 있는 화합물의 화학적 공정에 참여하는 일, 그리고 만 18세 미만인 사람에 대한 운전이나 조종면허 취득을 제한하고 있는 직종 또는 업종의 운전이나 조종 업무 등이 바로 여러분과 같은 청소년들이 할 수 없는 일이에요.

청소년 보호법이나 다른 법률에서는 청소년들이 어떤 일을 할 수 없도록 규정하고 있을까요?

먼저 청소년보호법에서는 청소년 출입·고용 금지업소, 청소년 고용 금지업소를 정하여 만 19세 미만의 청소년들이 이곳에서 일하지 못하도록 규정하고 있어요. 구체적으로 청소년이 일할 수 없는 곳은 어디인지 알아볼까요?

성인게임장, PC방, 비디오방, 복권발행업 등 사행성이 있는 물건을 다루거나 사행 행위를 주로 다루는 영업장에서는 만 19세 미만의 청소년들이 일할 수 없어요. 또 노래방, 술을 판매하는 곳, 춤을 추도록 만들어진 곳, 전화나 전자기기 등을 가지고 불특정한 사람들과 대화를 해야 하는 영업장에서도 청소년들이 일할 수 없어요. 그리고 성(性)과 관련된 물품을 판매하는 곳, 경마장이나 경정장에서 마권이나 투표권을 판매하는 영업장, 숙박업소, 안마실이 있는 목욕탕, 음료를 밖으로 배달해야 하는 영업장, 유해물질을 직접 다루어야 하는 영업장에서는 청소년들이 일할 수 없어요.

이렇게 청소년들이 일할 수 없는 곳 또는 할 수 없는 일을 정해둔 이유는 무엇일까요? 이 점은 청소년 보호법의 목적을 살펴보면 쉽게 이해할 수 있어요. 바로 해로운 환경으로부터 청소년들을 보호하여 건전한 한 사람으로 성장할 수 있도록 하기 위해서예요.

자, 다음으로 청소년들은 하루에 몇 시간 정도 일을 할 수 있는지 알아보도록 해요. 청소년들은 발달상 어린이와 성인의 중간 시기이며, 성

# 방학 때 아르바이트하고 싶은데, 어디서 하면 좋을까?

225

인이 되기 전의 사람들이기 때문에 신체적·정신적 발달이 완전히 이루어졌다고 보기는 어려워요. 그리고 보통 중학교나 고등학교에 다니고 있을 가능성이 크고, 학교에서 학업을 이어가지 않더라도 다른 교육을 받을 기회를 가져야 해서 성인과 같게 또는 성인보다도 더 많은 시간을 일하게 하는 것은 어려워요. 성장기 청소년에게 너무 오랫동안 일하게 하는 것은 청소년의 정상적인 신체적·정신적 발달을 해치고 교육을 받을 시간을 보장받지 못하게 할 수도 있기 때문이에요.

이러한 이유로 근로기준법에서는 15세 이상 18세 미만인 사람은 하루 동안 일하는 시간이 7시간을 넘지 못하도록 규정하고 있어요. 당사자 사이의 합의가 있으면 하루 한 시간, 1주일에 5시간까지는 더 일 할 수 있지만, 그 시간 이상 일하도록 할 수는 없어요. 그러므로 청소년들은 기본 1주일에 35시간, 최대 40시간까지 일할 수 있고, 그 이상 일해서는 안 돼요. 그리고 18세 미만인 사람에게는 오후 10시부터 새벽 6시까지의 시간 동안과 휴일에는 일하도록 할 수 없고 만약 일해야만 한다면 그 청소년의 동의를 받고 고용노동부 장관의 인가를 받아야만 18세 미만 청소년이 밤~새벽 시간 또는 휴일에 일하도록 할 수 있어요.

이제 여러분은 여러분이 어떤 곳에서 일할 수 있는지, 일을 한다면 몇 시간 동안 일을 할 수 있는지 알 수 있었어요. 그럼 다음 장에서는 어느 정도의 급여를 받을 수 있는지, 언제 쉴 수 있는지 등에 대해서 알아보도록 해요.

## 근로기준법

제65조(사용 금지) ① 사용자는 임신 중이거나 산후 1년이 지나지 아니한 여성(이하 "임산부"라 한다)과 18세 미만자를 도덕상 또는 보건상 유해·위험한 사업에 사용하지 못한다.
③ 제1항 및 제2항에 따른 금지 직종은 대통령령으로 정한다.

제69조(근로시간) 15세 이상 18세 미만인 사람의 근로시간은 1일에 7시간, 1주에 35시간을 초과하지 못한다. 다만, 당사자 사이의 합의에 따라 1일에 1시간, 1주에 5시간을 한도로 연장할 수 있다.

제70조(야간근로와 휴일근로의 제한) ② 사용자는 임산부와 18세 미만자를 오후 10시부터 오전 6시까지의 시간 및 휴일에 근로시키지 못한다. 다만, 다음 각 호의 어느 하나에 해당하는 경우로서 고용노동부장관의 인가를 받으면 그러하지 아니하다.
1. 18세 미만자의 동의가 있는 경우

## 근로기준법 시행령

제40조(임산부 등의 사용 금지 직종) 법 제65조에 따라 임산부, 임산부가 아닌 18세 이상인 여성 및 18세 미만인 자의 사용이 금지되는 직종의 범위는 별표 4와 같다.

## 청소년보호법

제2조(정의) 5. "청소년유해업소"란 청소년의 출입과 고용이 청소년에게 유해한 것으로 인정되는 다음 가목의 업소(이하 "청소년 출입·고용금지업소"라 한다)와 청소년의 출입은 가능하나 고용이 청소년에게 유해한 것으로 인정되는 다음 나목의 업소(이하 "청소년고용금지업소"라 한다)를 말한다. 이 경우 업소의 구분은 그 업소가 영업을 할 때 다른 법령에 따라 요구되는 허가·인가·등록·신고 등의 여부와 관계없이 실제로 이루어지고 있는 영업행위를 기준으로 한다.
가. 청소년 출입·고용금지업소
1)「게임산업진흥에 관한 법률」에 따른 일반게임제공업 및 복합유통게임제공업 중 대통령령으로 정하는 것

2) 「사행행위 등 규제 및 처벌 특례법」에 따른 사행행위영업

3) 「식품위생법」에 따른 식품접객업 중 대통령령으로 정하는 것

4) 「영화 및 비디오물의 진흥에 관한 법률」 제2조제16호에 따른 비디오물감상실업 · 제한 관람가비디오물소극장업 및 복합영상물제공업

5) 「음악산업진흥에 관한 법률」에 따른 노래연습장업 중 대통령령으로 정하는 것

6) 「체육시설의 설치 · 이용에 관한 법률」에 따른 무도학원업 및 무도장업

7) 전기통신설비를 갖추고 불특정한 사람들 사이의 음성대화 또는 화상대화를 매개하는 것을 주된 목적으로 하는 영업. 다만, 「전기통신사업법」 등 다른 법률에 따라 통신을 매개하는 영업은 제외한다.

8) 불특정한 사람 사이의 신체적인 접촉 또는 은밀한 부분의 노출 등 성적 행위가 이루어지거나 이와 유사한 행위가 이루어질 우려가 있는 서비스를 제공하는 영업으로서 청소년보호위원회가 결정하고 여성가족부장관이 고시한 것

9) 청소년유해매체물 및 청소년유해약물등을 제작 · 생산 · 유통하는 영업 등 청소년의 출입과 고용이 청소년에게 유해하다고 인정되는 영업으로서 대통령령으로 정하는 기준에 따라 청소년보호위원회가 결정하고 여성가족부장관이 고시한 것

10) 「한국마사회법」 제6조제2항에 따른 장외발매소

11) 「경륜 · 경정법」 제9조제2항에 따른 장외매장

나. 청소년고용금지업소

1) 「게임산업진흥에 관한 법률」에 따른 청소년게임제공업 및 인터넷컴퓨터게임시설제공업

2) 「공중위생관리법」에 따른 숙박업, 목욕장업, 이용업 중 대통령령으로 정하는 것

3) 「식품위생법」에 따른 식품접객업 중 대통령령으로 정하는 것

4) 「영화 및 비디오물의 진흥에 관한 법률」에 따른 비디오물소극장업

5) 「화학물질관리법」에 따른 유해화학물질 영업. 다만, 유해화학물질 사용과 직접 관련이 없는 영업으로서 대통령령으로 정하는 영업은 제외한다.

6) 회비 등을 받거나 유료로 만화를 빌려 주는 만화대여업

7) 청소년유해매체물 및 청소년유해약물등을 제작 · 생산 · 유통하는 영업 등 청소년의 고용이 청소년에게 유해하다고 인정되는 영업으로서 대통령령으로 정하는 기준에 따라 청소년보호위원회가 결정하고 여성가족부장관이 고시한 것

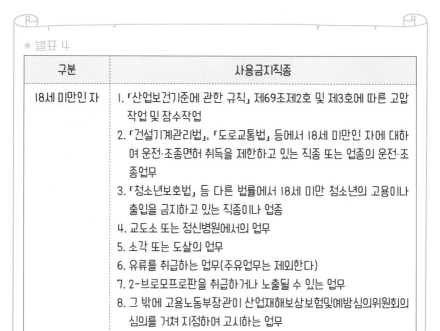

| 구분 | 사용금지직종 |
|---|---|
| 18세 미만인 자 | 1. 「산업보건기준에 관한 규칙」 제69조제2호 및 제3호에 따른 고압 작업 및 잠수작업<br>2. 「건설기계관리법」, 「도로교통법」 등에서 18세 미만인 자에 대하여 운전·조종면허 취득을 제한하고 있는 직종 또는 업종의 운전·조종업무<br>3. 「청소년보호법」 등 다른 법률에서 18세 미만 청소년의 고용이나 출입을 금지하고 있는 직종이나 업종<br>4. 교도소 또는 정신병원에서의 업무<br>5. 소각 또는 도살의 업무<br>6. 유류를 취급하는 업무(주유업무는 제외한다)<br>7. 2-브로모프로판을 취급하거나 노출될 수 있는 업무<br>8. 그 밖에 고용노동부장관이 산업재해보상보험및예방심의위원회의 심의를 거쳐 지정하여 고시하는 업무 |

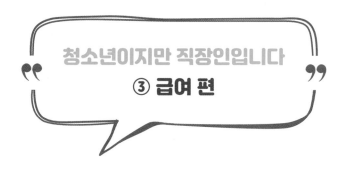

이번에는 일하고 받을 수 있는 돈, 급여에 대해 알아볼까요? 일을 한 사람에게 일을 한 대가로 지급하는 돈을 급여라고 하지요. 다른 말로는 보수, 임금이라고 부르기도 해요. 급여는 월, 주, 일 단위로 받을 수 있는데, 월 단위로 받으면 월급, 주 단위는 주급, 일 단위로 받는다면 일급 또는 일당이라고 말할 수 있어요.

그렇다면 급여는 얼마나 받을 수 있을까요? 하는 일의 특징이나 얼마나 어려운지, 몇 시간을 일하는지 등에 따라 차이는 있을 수 있지만, 그 최소금액은 국가에서 해마다 결정하고 있기 때문에 근로자를 고용한 사람은 항상 이 최소금액 이상을 근로자에게 지급해야 해요. 이 최소금액을 최저시급이라고 하고 최저시급은 최저임금위원회에서 결정하고 있어요.

2020년에 최저임금위원회에서 심의 및 결정한 2021년의 최저시급은 8,720원이에요. 청소년 여러분도 일하게 된다면 1시간당 8,720원 이상의 급여를 받을 수 있지요. 만약 여러분이 하루 3시간씩 패스트푸

드점에서 일을 한다면 일당 26,160원 이상을 받을 수 있고, 이 일을 일주일에 3일씩 한다고 하면 4주 동안 313,920원 이상을 받아요. 18세 미만 청소년이 원칙적으로 하루에 일할 수 있는 7시간씩 1주일에 5일을 일한다면 4주 동안 최소 1,220,800원을 받을 수 있지요.

그럼, 예외적인 경우이긴 하지만 18세 미만 청소년이 하루에 1시간씩 일을 더 해서 하루 총 8시간씩 일을 했다면 급여는 얼마나 받게 될까요? 원래는 7시간 일을 해야 하지만 예외적으로 1시간을 더 일한 경우이기 때문에 그 1시간 분량의 급여에는 연장근로수당이 붙어요. 원래 받는 시급의 50%를 더 받아요. 즉, 이 1시간 급여는 8,720원의 50%인 4,360원이 더해져서 총 13,080원이 돼요. 이렇게 하루에 8시간씩 1주일에 5일씩 1달(4주)을 일했다고 하면 월급으로 받는 돈은 최소 1,482,400원이에요.

최저임금제도는 일하는 사람들이 일정한 수준 이상의 급여를 받도록 국가가 강제하여 일하는 사람들의 생활을 안정시키고 안정된 생활 속에서 더욱 열심히 일할 수 있게 해서 국가의 경제활동이 활발해지게 하려고 만들어졌어요.

그래서 고용노동부 장관은 다음 해의 최저임금을 최저임금위원회(근로자 측 9명, 사용자 측 9명, 고용노동부 장관이 정한 공익위원 9명)에서 결정하도록 하고 있어요. 총 27명의 최저임금위원회 위원들은 최저임금 안을 내고 협상을 합니다. 그리고 이 안이 재적 위원 과반수 참석, 출석위원 과반수 찬성이 되면 통과되어 다음 해의 최저임금으로 결정되고 고용노동부 장관이 이를 국민에게 알리며(고시), 다음 해 1월 1일부터 효력이 생겨요.

그렇다면 만약 사용자(사장님)가 최저임금법의 최저임금을 지키지 않고 그보다 더 적은 금액을 지급한다면 어떻게 될까요? 최저임금법 제28

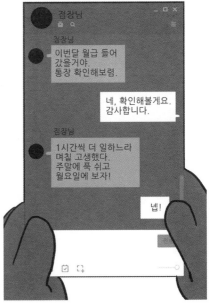

점장님

점장님
이번달 월급 들어
갔을거야.
통장 확인해보렴.

네, 확인해볼게요.
감사합니다.

점장님
1시간씩 더 일하느라
며칠 고생했다.
주말에 푹 쉬고
월요일에 보자!

넵!

조에서는 최저임금액보다 적은 임금을 지급한 사람은 3년 이하의 징역형 또는 2천만 원 이하의 벌금형에 처해요. 그리고 당연히 최저임금에서 이미 받은 임금(최저임금보다 적었던)을 뺀 나머지 돈도 받을 수 있고요.

자, 그러면 이런 경우는 어떻게 될까요? 원래 시급 9,000원을 받고 있던 아르바이트생에게 2021년 최저임금이 8,720원으로 정해졌으니, 기존에 받고 있던 시급을 8,720원으로 내리겠다고 하는 사장님이 있다면, 아르바이트생은 사장님이 제시한 8,720원만 받아야 할까요?

그렇지 않아요. 최저임금이란 말 그대로 '최저수준의 급여'를 정한 것일 뿐, 꼭 그 금액에 맞추어 급여를 지급해야 한다는 의미가 아니에요. 최저임금 이상으로 지급하라는 의미예요. 또한 국가에서 최저임금을 정하고 최저임금법을 시행하는 목적 역시 근로자의 생활을 보호하고자 하는 데에 있어서, 최저임금에 맞추어 급여를 낮추는 것은 급여에 의존해서 사는 근로자의 생활을 어렵게 만들 수 있으므로 최저임금제도의 취지에 어긋나요.

그래서 최저임금법에서는 이렇게 최저임금을 이유로 기존의 임금을 낮추는 사용자에 대해서도 최저임금액을 위반한 경우와 마찬가지로 법률 위반에 해당하여 3년 이하의 징역 또는 2천만 원 이하의 벌금형에 처하도록 하는 규정을 두고 있어요.

이제 여러분이 몇 살이 되었을 때 일을 시작할 수 있는지, 어떤 일을 할 수 있고, 어떤 일을 할 수 없는지, 일하고 얼마만큼의 급여를 받을 수 있는지 살펴보았어요.

하지만 이렇게 법적인 내용을 잘 알고 있더라도 실제로 일을 하면서 나에게 닥치는 문제점을 직접 해결하기 어려울 때가 있을 수 있어요. 이럴 때는 관련 상담을 먼저 받는 것이 좋아요. 청소년근로권익센터

(1644-3119, 카카오톡 ID: 청소년근로권익센터)나 청소년근로보호센터(1600-1729, 카카오톡 친구찾기: #1388)로 연락하여 전화나 카카오톡으로 상담을 할 수 있으니, 주저하지 말고 연락해 보세요.

꼭 알아두어야 할 법률 상식

## 근로기준법

**제43조(임금 지급)** ① 임금은 통화(通貨)로 직접 근로자에게 그 전액을 지급하여야 한다. 다만, 법령 또는 단체협약에 특별한 규정이 있는 경우에는 임금의 일부를 공제하거나 통화 이외의 것으로 지급할 수 있다.

② 임금은 매월 1회 이상 일정한 날짜를 정하여 지급하여야 한다. 다만, 임시로 지급하는 임금, 수당, 그 밖에 이에 준하는 것 또는 대통령령으로 정하는 임금에 대하여는 그러하지 아니하다.

**제56조(연장·야간 및 휴일 근로)** ① 사용자는 연장근로(제53조·제59조 및 제69조 단서에 따라 연장된 시간의 근로를 말한다)에 대하여는 통상임금의 100분의 50 이상을 가산하여 근로자에게 지급하여야 한다.

② 제1항에도 불구하고 사용자는 휴일근로에 대하여는 다음 각 호의 기준에 따른 금액 이상을 가산하여 근로자에게 지급하여야 한다.

1. 8시간 이내의 휴일근로: 통상임금의 100분의 50

2. 8시간을 초과한 휴일근로: 통상임금의 100분의 100

③ 사용자는 야간근로(오후 10시부터 다음 날 오전 6시 사이의 근로를 말한다)에 대하여는 통상임금의 100분의 50 이상을 가산하여 근로자에게 지급하여야 한다.

**제70조(야간근로와 휴일근로의 제한)** ① 사용자는 18세 이상의 여성을 오후 10시부터 오전 6시까지의 시간 및 휴일에 근로시키려면 그 근로자의 동의를 받아야 한다.

② 사용자는 임산부와 18세 미만자를 오후 10시부터 오전 6시까지의 시간 및 휴일에 근로시키지 못한다. 다만, 다음 각 호의 어느 하나에 해당하는 경우로서 고용노동부장관의 인가를 받으면 그러하지 아니하다.

1. 18세 미만자의 동의가 있는 경우

## 최저임금법

제6조(최저임금의 효력) ① 사용자는 최저임금의 적용을 받는 근로자에게 최저임금액 이상의 임금을 지급하여야 한다.

② 사용자는 이 법에 따른 최저임금을 이유로 종전의 임금수준을 낮추어서는 아니 된다.

③ 최저임금의 적용을 받는 근로자와 사용자 사이의 근로계약 중 최저임금액에 미치지 못하는 금액을 임금으로 정한 부분은 무효로 하며, 이 경우 무효로 된 부분은 이 법으로 정한 최저임금액과 동일한 임금을 지급하기로 한 것으로 본다.

제28조(벌칙) ① 제6조 제1항 또는 제2항을 위반하여 최저임금액보다 적은 임금을 지급하거나 최저임금을 이유로 종전의 임금을 낮춘 자는 3년 이하의 징역 또는 2천만원 이하의 벌금에 처한다. 이 경우 징역과 벌금은 병과(倂科)할 수 있다.

어떤 재판을
받게 될까?

우리는 지금까지 생활 속에서 만날 수 있는 여러 가지 범죄와 법률들에 대해 알아보았어요. 이렇게 만났던 생활 속 범죄를 저지른 사람들의 처벌은 어떻게 결정되고 범죄 피해를 본 사람들은 어떻게 피해에 따른 보상을 받을 수 있을까요?

우선, 범죄를 저질렀다는 의심을 받은 사람(앞으로는 피의자라고 부르도록 해요)은 피해자나 범죄 행위를 알게 된 사람의 신고 등으로 경찰과 검찰의 조사를 받아요. 조사가 끝나고 나면 검사는 법원에 피의자가 재판을 받도록 하게 해달라고 요청해요. 이것을 기소라고 하고, 이때 재판을 받게 된 피의자는 피고인이 돼요. 이처럼 피고인에게 죄가 있는지 없는지를 결정하고 어떤 처벌을 할지 정하기 위해 검사의 기소로 시작되는 재판을 형사재판이라고 해요.

형사재판에는 피고인이 죄가 있으니 처벌을 해달라고 요구하는 검사, 재판을 받게 된 피고인, 피고인에게 죄가 있음을 인정하고 반성하고 있음을 알리며 가벼운 벌을 받게 해달라고 하거나 피고인에게 죄가 없다는 점을 증명하고 처벌을 받지 않도록 해달라고 주장하는 변호인, 그리고 검사와 변호인의 주장을 모두 듣고 피고인에게 죄가 있는지 없는지, 죄가 있다면 어떤 처벌을 하도록 할지 결정하는 재판부(판사)가 참여해요.

그 외에도 검사 또는 피고인 측의 주장을 증명하기 위해 출석 요청을 받은 증인, 사건에 따라 일반인 중에서 선정되어 재판 과정을 지켜보고 따로 회의(평의)를 거쳐 피고인에게 죄가 있는지, 있다면 어떤 처벌을 해야 할지를 결정하여 결정된 사항을 재판부에 전달하는 배심원, 법정 내의 질서유지를 담당하는 법정경위가 재판에 참여해요.

그렇다면 형사재판을 하면, 피해를 본 사람들도 바로 보상을 받을 수 있을까요?

형사재판에서 피고인에게 죄가 있음이 객관적 증거에 의해 밝혀지고, 처벌이 내려지는 것은 피해자를 위한 것일 뿐만 아니라 피고인이 해친 국가의 질서를 바로잡기 위해서이기도 해요. 하지만 피고인의 범죄 행위 때문에 피해자가 입은 손해가 어느 정도인지를 확인하고, 그 손해배상을 요구하는 것은 형사재판에서 할 수 없어요. 이 부분에 대해서는 따로 재판을 청구해야 하는 개인과 개인 사이의 일이기 때문이에요.

이러한 재판에는 검사가 없어요. 피해자가 범죄를 저질러 손해를 입힌 사람을 상대로 법원에 재판을 청구해야 해요. 그래서 이 재판에서는

---

재판을 청구하는 사람이 원고, 그 상대방이 된 사람을 피고라고 하고, 원고와 피고 모두 변호인의 도움을 받을 수 있어요.

이 재판에서는 주로 개인과 개인 사이에서 발생한 사건(돈을 빌리고 갚지 않았다거나, 피고의 불법행위로 인해 발생한 손해를 갚아달라거나, 부동산과 관련된 분쟁 등)을 다루고요. 이 재판을 우리는 민사재판이라고 불러요. 민사재판은 이렇게 개인 사이의 다툼을 해결하는 재판이기 때문에 검사가 재판에 나오지 않고, 원고와 피고, 그리고 그들을 도와주는 각자의 변호사가 재판에 나와 재판부의 판단을 구해요.

정리하면, 어떤 사람이 다른 사람을 때려서 다치게 했을 때, 형사재판에서는 때린 사람을 피고인으로 하는 재판을 검사가 요청하고, 여기에 피고인을 도와주는 변호인, 재판부(판사), 사건에 따라서는 배심원이 참여하여 재판이 진행돼요. 하지만 형사재판에서 맞아서 다친 사람에게 손해배상을 하라고 하지는 않아요. 맞은 사람은 따로 법원에 민사재판을 청구해서 때린 사람이 손해배상을 하도록 판결해 달라고 해야하지요.

이렇게 해서 형사재판과 민사재판에 대해 알아보았어요. 다만 지금까지 알아본 내용은 청소년들에게는 아직 해당하지 않는 부분들도 있어요. 다음 장에서는 범죄를 저지른 청소년들은 어떤 재판을 받는지 따로 알아보도록 해요!

## 형사소송법

제223조(고소권자) 범죄로 인한 피해자는 고소할 수 있다.

제225조(비피해자인 고소권자) ① 피해자의 법정대리인은 독립하여 고소할 수 있다.
② 피해자가 사망한 때에는 그 배우자, 직계친족 또는 형제자매는 고소할 수 있다. 단, 피해자의 명시한 의사에 반하지 못한다.

제234조(고발) ① 누구든지 범죄가 있다고 사료하는 때에는 고발할 수 있다.
② 공무원은 그 직무를 행함에 있어 범죄가 있다고 사료하는 때에는 고발하여야 한다.

제246조(국가소추주의) 공소는 검사가 제기하여 수행한다.

## 민사소송법

제1조(민사소송의 이상과 신의성실의 원칙) ① 법원은 소송절차가 공정하고 신속하며 경제적으로 진행되도록 노력하여야 한다.
② 당사자와 소송관계인은 신의에 따라 성실하게 소송을 수행하여야 한다.

제51조(당사자능력ㆍ소송능력 등에 대한 원칙) 당사자능력(當事者能力), 소송능력(訴訟能力), 소송무능력자(訴訟無能力者)의 법정대리와 소송행위에 필요한 권한의 수여는 이 법에 특별한 규정이 없으면 민법, 그 밖의 법률에 따른다.

제55조(제한능력자의 소송능력) ① 미성년자 또는 피성년후견인은 법정대리인에 의해서만 소송행위를 할 수 있다.

제87조(소송대리인의 자격) 법률에 따라 재판상 행위를 할 수 있는 대리인 외에는 변호사가 아니면 소송대리인이 될 수 없다.

다시는 안 그럴 테니
한 번만 봐주세요!

몇 년 전 방송에서 재판 중인 한 판사님이 어린 학생에게 크게 호통을 치며 절대로 봐줄 수 없다고 돌아가라고 단호하게 말씀하시던 모습을 혹시 기억하시나요? 분명, 법정의 모습인 것은 확실한데 검사의 모습은 볼 수 없고 판사를 마주 보고 있는 학생이 다시는 그런 행동을 하지 않겠다며 눈물을 흘리며 빌고 있었어요. 그리고 그 옆에는 잘못했다고 아이가 실수로 그런 것이라면서 자신이 다시 잘 지도하겠다고 울먹이는 부모님들이 함께 있었고요.

우리가 생각했던 재판의 모습과는 분명 다른 모습이었던 이 재판은 바로 소년범죄를 심리하는 소년사건 재판이에요. 이번에는 바로 이 소년사건 재판을 어디에서 담당하는지, 어떤 점이 형사재판과 다른지 등을 한 번 살펴보도록 해요.

범죄를 저지른 소년, 형벌 법령에 저촉되는 행위를 한 만 10세 이상 만 14세 미만인 소년은 형사사건을 다루는 형사재판을 받기보다 소년부의 보호사건으로 재판을 받아요. 여기 해당하는 소년들에 대해서는 검찰로 사건을 송치하지 않고 경찰서장이 바로 소년부 송치를 해야 해요. 만 14세 이상 만 19세 미만의 소년에 대해서는 검사가 수사한 결과 보호처분에 해당하는 사유가 있다고 인정한 경우에 사건을 관할 소년부에 송치해요.

소년부란 가정법원이나 지방법원에 소속된 '소년'을 전담하는 재판부를 말해요. 그렇지만 모든 소년의 범죄 사건이 소년부에서 다루어지는 것은 아니에요. 소년이 저지른 범죄 사건 중에서도 죄질이 매우 좋지 않은 경우이고 소년부의 조사나 심리결과, 금고 이상의 형에 해당하는 범죄 사실이 발견된 경우라면 형사재판을 받기도 해요. 단, 형사재판을 받으려면 소년의 나이는 만 14세 이상이어야 해요.

소년부에서 소년의 범죄 사실을 조사할 때는 단순히 소년이 저지른 범죄에만 초점을 맞추는 것이 아니라, 소년의 가정환경이나 성장 배경 등을 꼼꼼히 살펴 참고해요. 이때 의학·심리학·교육학·사회학이나 그 밖의 전문적인 지식을 활용하여 소년의 환경에 대해 살피는 거예요.

소년부의 심리는 그 대상이 아직 미성숙하고 어린 소년인 만큼 친절하고 따뜻한 방식으로 해야 하지요. 일반 형사재판과 다른 점 중의 하나가 바로 이 점이기도 합니다. 소년부 사건으로 심리하는 이유가 바로 소년의 범죄 행위에 대한 처벌보다는 소년에게 주어진 환경을 조정해 주고 소년 자신의 행동을 바로 잡을 수 있도록 하는 기회를 주기 위해서예요. 따라서 소년부의 심리결과는 '네게 죄가 있으니 처벌을 받아야 한다.'라기보다는 '네가 다시는 이런 행동을 하지 않게 하기 위해서 이와 같은 조치를 해줄 테니 여기에 따르며 스스로 행동을 바로잡을 기회를 얻어 보렴.' 쪽에 가까운 것으로 생각하면 돼요.

그래서 법정 내의 분위기나 모습도 형사재판과는 사뭇 달라요. 우선, 형사재판에서 피고인의 잘못을 밝히고 처벌을 요청하는 일을 하는 검사

가 소년부 사건에는 없습니다. 소년부 사건에서는 소년의 잘못을 두고 형사처분을 하지 않거든요. 대신 판사가 심리결과 필요하다고 여기면 소년에게 적합한 보호처분을 내려요.

보호처분의 종류는 아래의 표와 같아요.

| | 보호처분의 종류 | 비고 |
|---|---|---|
| 1 | 보호자 또는 보호자를 대신하여 소년을 보호할 수 있는 사람에게 감호 위탁 | |
| 2 | 수강명령(최대 100시간) | 만 12세 이상 소년 대상 |
| 3 | 사회봉사명령(최대 200시간) | 만 14세 이상 소년 대상 |
| 4 | 보호관찰관의 단기 보호관찰(1년) | |
| 5 | 보호관찰관의 장기 보호관찰(2년) | |
| 6 | 아동복지시설이나 그 밖의 소년보호시설에 감호 위탁 | |
| 7 | 병원, 요양소 또는 보호소년 등의 처우에 관한 법률에 따른 소년의료보호시설에 위탁 | |
| 8 | 1개월 이내의 소년원 송치 | |
| 9 | 단기 소년원 송치(최대 6개월) | |
| 10 | 장기 소년원 송치(최대 2년) | 만 12세 이상 소년 대상 |

소년부의 심리도 법정에서 판단을 받는 것이기 때문에 소년은 변호사를 보조인으로 하여 도움을 받을 수 있고, 소년의 보호자도 심리에서 자신의 의견을 진술할 수 있어요.

심리결과 판사가 보호처분 중 보호관찰 처분을 내린다면 이때 3개월 내의 기간 보호관찰과 동시에 대안교육이나 상담·선도·교화 관련 단체나 시설에서 상담 및 교육을 받도록 할 수 있어요. 즉, 소년부 사건 심리의 결과는 형사처분과는 달리 어디까지나 소년이 범죄에 노출되기 쉬운

환경에 있었다면 그 환경을 개선해 주고, 적절한 상담과 교육을 통해 다시 범죄를 저지르지 않고 바르게 살아가도록 하는 것이 목적임을 알 수 있어요.

이렇게 해서 소년재판에 대해 알아보았어요. 형사재판과는 사뭇 다른 분위기와 환경 속에서 소년범죄 사건을 다루는 이유를 알 수 있었어요. 어린 시절 한 번의 실수가 영원한 낙인이 되어 소년의 미래를 결정짓지 않게 하려고 소년법에 이와 관련된 규정들을 두었어요.

처벌하는 목적은 단순히 처벌 자체에 있지 않고 범죄를 저지른 사람을 교정·교화해서 다시 건강하게 사회생활을 할 수 있도록 하는 데에 있어요. 그래서 범죄를 저지른 소년에 대해서도 강한 형사처벌보다는 소년의 건전하고 건강한 성장을 도와 다시 범죄를 저지르지 않게 하려고 형사재판이 아닌 소년부 송치를 하는 거예요.

**꼭 알아두어야 할 법률 상식**

### 소년법

제3조(관할 및 직능) ① 소년 보호사건의 관할은 소년의 행위지, 거주지 또는 현재지로 한다.
② 소년 보호사건은 가정법원소년부 또는 지방법원소년부[이하 "소년부(少年部)"라 한다]에 속한다.
③ 소년 보호사건의 심리(審理)와 처분 결정은 소년부 단독판사가 한다.
제4조(보호의 대상과 송치 및 통고) ① 다음 각 호의 어느 하나에 해당하는 소년은 소년부의 보호사건으로 심리한다.
1. 죄를 범한 소년
2. 형벌 법령에 저촉되는 행위를 한 10세 이상 14세 미만인 소년
3. 다음 각 목에 해당하는 사유가 있고 그의 성격이나 환경에 비추어 앞으로 형벌 법령에 저촉되는 행위를 할 우려가 있는 10세 이상인 소년

가. 집단적으로 몰려다니며 주위 사람들에게 불안감을 조성하는 성벽(性癖)이 있는 것

나. 정당한 이유 없이 가출하는 것

다. 술을 마시고 소란을 피우거나 유해환경에 접하는 성벽이 있는 것

② 제1항제2호 및 제3호에 해당하는 소년이 있을 때에는 경찰서장은 직접 관할 소년부에 송치(送致)하여야 한다.

제9조(조사 방침) 조사는 의학·심리학·교육학·사회학이나 그 밖의 전문적인 지식을 활용하여 소년과 보호자 또는 참고인의 품행, 경력, 가정 상황, 그 밖의 환경 등을 밝히도록 노력하여야 한다.

제24조(심리의 방식) ① 심리는 친절하고 온화하게 하여야 한다.

② 심리는 공개하지 아니한다. 다만, 소년부 판사는 적당하다고 인정하는 자에게 참석을 허가할 수 있다.

제49조(검사의 송치) ① 검사는 소년에 대한 피의사건을 수사한 결과 보호처분에 해당하는 사유가 있다고 인정한 경우에는 사건을 관할 소년부에 송치하여야 한다.

② 소년부는 제1항에 따라 송치된 사건을 조사 또는 심리한 결과 그 동기와 죄질이 금고 이상의 형사처분을 할 필요가 있다고 인정할 때에는 결정으로써 해당 검찰청 검사에게 송치할 수 있다.

③ 제2항에 따라 송치한 사건은 다시 소년부에 송치할 수 없다.

법을 다루는 사람들
① 변호사와 변리사

이번에는 법과 관련된 직업에는 어떤 것들이 있는지 알아볼까요? 드라마나 영화 등을 통해 우리에게 익숙하게 느껴지는 법 관련 직업으로는 판사, 검사, 변호사 등이 있을 거예요. 여기에서 우리는 이 세 가지 직업과 함께 그 외의 법 관련 직업에 대해서도 함께 알아보려고 해요.

법과 관련된 직업을 크게 3가지로 분류해서 알아볼 거예요. 먼저 일반 사람들에게 법률 서비스를 제공하는 직업인 변호사, 변리사가 어떤 사람들인지 알아볼게요.

변호사는 여러분에게 매우 익숙한 직업 중 하나예요. 드라마나 영화 속에서 억울한 누명을 쓴 사람을 위해 여러 가지 증거를 모아서 제출하고, 증인을 찾아 법정에 세우고 사건과 관련된 여러 가지 질문을 통해 무죄 판결을 받아내는 멋진 모습을 본 적이 있을 거예요.

이렇게 법정에 서게 된 사람들에게 언제나 든든한 내 편이 되어 주는 변호사는 어떻게 하면 될 수 있을까요?

우선, 초·중·고등학교 과정을 모두 마치고, 대학에 진학해야 해요.

초·중·고등학교에서 거의 전 과목을 배우는 것과 달리(물론 예술, 외국어, 특정 산업 분야를 배우는 특수목적 중·고등학교에서는 전공을 선택하기도 합니다), 대학에서는 '전공 분야'를 선택해야 하지요. 대학 입시를 치를 때 전공 분야를 함께 선택하고 대학에 진학해서는 그 전공 분야를 중점적으로 공부해요.

이때부터 아예 법학을 선택하기도 하고, 법학을 선택하지 않고 다른 전공을 선택해도 돼요. 법과 연관이 있는 분야이든, 아니든 크게 상관이 있는 것은 아니지만 4년제 대학은 졸업해야 합니다.

그다음으로 대학원에 가야 하는데요, 대학원에는 일반대학원과 특수대학원, 전문대학원 등이 있어요. 그중에서 전문대학원 중 하나인 법학전문대학원(로스쿨)에 들어가야 해요. 2021년 현재 우리나라에는 25개의 대학에만 법학전문대학원이 설치되어 있으니 이 중에서 학교를 선택하여 지원해야 해요.*

법학전문대학원에 들어가려면 대학 성적과 법학적성시험(LEET) 성적이 필요해요. 물론 대학 성적, 법학적성시험 성적 모두 우수해야 하고 거기에 공인 영어 성적(토익, 토플, 텝스 등), 자기소개서 제출 및 면접까지 거쳐야 해요. 1년에 전국에서 단 2,000명만 선발되니 제출하는 성적은 모두 우수해야 하겠지요?

법학전문대학원은 3년 과정이고, 이 과정을 모두 이수한 다음, 변호사 시험을 치러 합격해야 해요. 여기서 끝이 아닙니다. 시험에 합격하고 6개월 동안 법률 관련 일을 보거나 대한변호사협회에서 연수를 받아야

---

* 서울대, 연세대, 고려대, 성균관대, 이화여대, 한양대 경북대, 경희대, 전남대, 서울시립대, 중앙대, 한국외대, 서강대, 부산대, 건국대, 아주대, 전북대, 충남대, 인하대, 영남대, 원광대, 충북대, 동아대, 강원대, 제주대

변호사나 변리사가 되려면 어떤 공부를 해야 하나요?

비로소 변호사로 활동할 수 있어요.

변호사가 되면 자신만의 사무실을 열 수도 있고, 법률회사(로펌)나 일반회사에 취업하여 일하거나 국선전담변호사가 되어 일할 수도 있어요. 주로 하는 일은 소송대리인(변호인)으로서 활동하거나 법률 자문(법률과 관련된 일을 정확하게 처리하기 위해 전문가에게 의견을 묻는 것)을 하는 것이에요.

다음으로 변리사에 대해 알아보도록 할게요. 사실 변리사는 여러분에게 아주 익숙한 직업은 아닐 수도 있어요. 그래서 변호사와는 다르게 먼저 변리사가 어떤 일을 하는 사람인지부터 알아보는 것이 좋겠어요.

변리사는 특허, 디자인, 상표권과 같은 산업재산권에 대한 지식을 가지고 출원, 심판, 감정, 소송 등의 절차를 대리하는 일을 하는 사람이에요. 여러분이 만약 발명을 했다면 그 발명에 대한 권리가 있음을 등록해 두어야 법적인 보호를 받을 수 있어요. 이렇게 등록하는 것을 도와주고, 이 권리와 관련된 분쟁이 생겼을 때 변호사처럼 소송대리인의 역할을 하는 사람이 바로 변리사예요.

즉, 특정한 제품이나 기술의 발명 등을 주로 다루기 때문에 변리사는 과학기술 분야에 대한 전문적 지식을 가지고 있어야 해요. 그 분야는 크게 기계공학, 화학공학, 전기전자, 생명과학의 4가지 과학기술 분야로 구분이 되고요. 그리고 산업재산권 전반에 대한 법률적인 지식을 가지고 있어야 해요.

그러면 이제 변리사가 되려면 어떤 과정을 거쳐야 하는지 알아볼게요. 변리사가 되려면 변리사 시험에 응시하여 합격해야 해요. 단, 변리사는 반드시 대학 졸업자여야 한다는 조건이 없어, 대학 재학 중에도 시험을 치를 수 있어요. 변리사 시험에 응시하기 위해서는 일정 수준 이상의 공인 어학 성적이 필요해요. 시험은 법학 과목과 과학 과목으로 구성된 1, 2차 시험을 치르면 되고, 합격한 다음에는 250시간의 집합연수, 6개월의 현장연수과정을 거치면 변리사 자격을 얻어요.

변리사가 될 수 있는 또 다른 길이 있는데요, 변호사 시험에 응시하여 합격한 사람이라면 변리사 시험을 치르지 않고, 250시간의 집합연수와 6개월의 현장연수과정을 거쳐 변리사 자격을 얻을 수 있어요.

변리사 자격을 얻으면 특허사무소나 법인에 취업할 수도 있고, 국가정보원, 특허청과 같은 정부기관에서 변리사 자격을 가진 공무원 신분으로 앞서 설명한 변리사로서의 업무를 시작해요.

이렇게 해서 지금까지 법 관련 직업 중 변호사와 변리사 같은 법률 서비스를 제공하는 직업에 대해 알아보았어요. 혹시 여러분이 관심을 두게 된 직업이 있나요?

만약 아직 없다면 다음 장에서 또 다른 법 관련 직업에 대해 조금 더 알아보도록 할까요?

## 변호사시험법

제5조(응시자격) ① 시험에 응시하려는 사람은 「법학전문대학원 설치·운영에 관한 법률」 제18조제1항에 따른 법학전문대학원의 석사학위를 취득하여야 한다. 다만, 제8조제1항의 법조윤리시험은 대통령령으로 정하는 바에 따라 법학전문대학원의 석사학위를 취득하기 전이라도 응시할 수 있다.

② 3개월 이내에 「법학전문대학원 설치·운영에 관한 법률」 제18조제1항에 따른 법학전문대학원의 석사학위를 취득할 것으로 예정된 사람은 제1항 본문의 응시자격을 가진 것으로 본다. 다만, 그 예정시기에 석사학위를 취득하지 못하는 경우에는 불합격으로 하거나 합격 결정을 취소한다.

## 변호사법

제3조(변호사의 직무) 변호사는 당사자와 그 밖의 관계인의 위임이나 국가·지방자치단체와 그 밖의 공공기관(이하 "공공기관"이라 한다)의 위촉 등에 의하여 소송에 관한 행위 및 행정처분의 청구에 관한 대리행위와 일반 법률 사무를 하는 것을 그 직무로 한다.

제4조(변호사의 자격) 다음 각 호의 어느 하나에 해당하는 자는 변호사의 자격이 있다.

1. 사법시험에 합격하여 사법연수원의 과정을 마친 자
2. 판사나 검사의 자격이 있는 자
3. 변호사시험에 합격한 자

## 변리사법

제2조(업무) 변리사는 특허청 또는 법원에 대하여 특허, 실용신안, 디자인 또는 상표에 관한 사항을 대리하고 그 사항에 관한 감정(鑑定)과 그 밖의 사무를 수행하는 것을 업(業)으로 한다.

제3조(자격) 다음 각 호의 어느 하나에 해당하는 사람으로서 대통령령으로 정하는 실무수습을 마친 사람은 변리사의 자격이 있다.

1. 변리사시험에 합격한 사람
2. 「변호사법」에 따른 변호사 자격을 가진 사람

법을 다루는 사람들
② 공무원

이번에는 법 관련 직업을 가진 사람 중, 공무원인 사람들은 어떤 일을 하고 있는지 알아볼게요. 흔히 '공무원'이라고 하면 공무원 시험(7급, 9급 또는 5급)에 합격해서 정부기관이나 시청이나 구청에서 일하고 있는 분들이 바로 생각날 거예요.

하지만 특수한 과정을 거쳐야만 하는 공무원들도 있어요. 바로 판사, 검사와 같은 법조인들이 여기에 해당해요. 그래서 이번에는 판사, 검사는 어떤 과정을 거쳐서 될 수 있는지, 어떤 일을 하는지 등을 알아보고 그 밖의 공무원들은 어떤 과정을 거쳐서 선발되고 어떤 일을 하는지도 함께 살펴보도록 할게요.

자, 먼저 판사부터 알아볼까요? 판사가 되기 위해서는 우선, 변호사 자격을 가지고 있어야 해요. 앞에서 살펴보았듯이 대학 4년, 로스쿨 3년 과정을 거친 다음 변호사 시험에 합격하고 6개월 동안 법률 관련 일을 하거나 대한변호사협회의 연수를 받고 나면 변호사 자격을 얻어요. 판사가 되기 위해서는 이 변호사 자격을 가지고 변호사로 활동한 경력이 2021년까지는 5년, 2025년까지는 7년, 2026년부터는 10년 이상 되어야 하지요.

이렇게 변호사 자격과 경력을 가진 사람을 대상으로 법률서면작성평가(1차 필기)를 치른 다음, 임용 신청을 받아 서류심사와 3차례의 면접, 인성 및 집중심리검사 등을 모두 치러 합격한 사람이 판사가 돼요. 판사가 되면 각급 법원, 대법원에 소속되어 구속영장을 발부하거나, 민사·형사·가사·행정 등에 관한 재판을 해요. 여러분이 영화나 드라마에서 자주 보았던 "피고인을 징역 5년에 처한다!" 또는 "피고는 원고에게 5억 원을 지급하라."라고 판결을 선고했던 바로 그 판사가 돼요.

다음으로 검사에 대해 알아볼까요? 검사가 되는 과정은 판사나 변호사가 되는 과정과 거의 비슷해요. 우선, 대학 4년 과정, 로스쿨 3년 과정을 마쳐야 하는 것은 같아요. 로스쿨 3년 과정 중에 학교에서 상위권 성적을 유지하면서 검찰실무 수업과 검찰심화실무수습 과정을 모두 거쳐야 해요. 물론 수업과 수습과정에서 우수한 성적을 거두어야 하고요. 로스쿨 3학년 2학기에 검사선발 과정에 응시하여 서류심사, 필기시험, 면접까지 치르고 합격한 다음, 변호사 시험에 응시하여 합격하면 검사가 될 수 있어요.

검사는 법무부 산하 검찰청 소속의 특정직 공무원으로 범죄 사건을 수사하고, 피의자(범죄를 저질렀다는 의심을 받는 사람)에 대하여 법원에 재판을 요청하는 일(기소)을 담당해요. 재판 과정에서는 피고인이 왜 기소되었는지 설명하고, 피고인이 유죄임을 밝히기 위한 증거를 제출하며 증인과 피고인에게 질문하여 피고인이 유죄이며 형벌을 받아야 함을 증명하는 일을 해요. 그리고 피고인에게 그 죄에 따른 형벌을 내려달라고 판사에게 요청하는 구형도 하지요.

만약 법원에서 유죄판결이 내려져 피고인을 교도소에 가두는 경우, 피고인의 교도소 수감을 지휘하기도 하고요. 또, 판결 전까지 구속 상태인 피고인이 집행유예나 무죄 판결을 받으면 즉시 풀어주도록 지휘하는

역할도 해요.

이제 다른 공무원들에 대해서도 알아볼까요? 사실, 공무원들은 법을 집행하는 사람들이기 때문에 모두 법과 관련된 일을 하고 있다고 할 수 있어요.

다만 여기에서는 모든 공무원의 선발 과정과 하는 일에 관한 내용을 모두 소개하기는 어려워 몇 가지 분야를 정하여 설명하려고 해요.

경찰, 법무 공무원, 그리고 법원 공무원, 입법 공무원, 이렇게 네 가지 분야의 공무원들은 여러분에게 익숙하기도 하고, 또 생소하기도 한 직업일 수 있지요. 알고 있는 직업에 대해 조금 더 자세히 아는 것, 그리고 잘 모르는 직업에 대해 알아보고 관심을 두도록 하는 것이 여러분의 직업 탐구에도 좋을 것 같아 아래에서는 이렇게 네 가지 분야의 공무원들에 대해 알아보도록 할게요.

그러면 먼저 경찰에 대해 알아보도록 해요. 경찰이 되려면 먼저 순경 공채 시험이나 각종 특별 채용 시험에 응시하여 합격하거나, 경찰대학교를 졸업하거나, 경찰간부후보시험에 응시하여 합격하면 경찰이 될 수 있어요.

순경 공채나 특별 채용 시험은 합격하면 대부분 '순경'이 되어 근무하고(단, 경력직 변호사 특채 시 경감으로 근무), 그 뒤에 차근차근 승진 단계를 밟아 더 상위의 직급으로 올라가지만, 경찰대학을 졸업한 사람이나 경찰간부후보시험에 응시하여 합격한 사람들은 '경위'가 되어 근무해요.*

경찰은 지구대나 파출소에서 근무하며 생활 안전, 여성 청소년(성폭력이나 학교폭력 사건 등) 사건이나 교통사고, 가정폭력 수사, 교통안전 등의 일을 맡는 자치경찰과 국민의 생명과 신체, 재산의 보호, 범죄의 예방과 수사, 범죄피해자의 보호, 경비·요인경호 및 대간첩·대테러 작전 수행, 공공안녕에 대한 위험의 예방과 대응을 위한 정보의 수집·작

---

* 순경, 경장, 경사, 경위 순으로 계급이 높아짐.

성 및 배포, 교통의 단속과 위해방지, 외국 정부기관 및 국제기구와의 협력 등을 담당하는 국가경찰이 있어요. 그리고 경찰청에 국가수사본부를 별도로 두어 전국 시·도 경찰청과 경찰서의 수사 부서를 모두 총괄하고 지휘·감독하는 역할을 해요.

다음으로 법무 공무원에 대해 알아볼게요. 법무 공무원이 되려면 우리가 흔히 알고 있는 '공무원 시험'에 응시하여 합격해야 해요. 행정부 5급 공개경쟁채용 시험 또는 9급이나 7급 공개경쟁채용 시험에 합격한 다음, 국가공무원인재개발원에서 연수를 받고 나면 공무원이 돼요.

그 후에 법제처나 공정거래위원회, 법무부 등에 소속되어 일해요. 9급이나 7급 공무원은 일반행정, 교정, 보호, 검찰, 출입국 관리직 공무원으로 근무하지요. 여기서 여러분에게 생소한 교정, 보호, 출입국 관리직에 대해 조금 더 알아볼까요?

교정직 공무원들은 구치소나 교도소에서 일해요. 주로 구치소와 교도소에 갇혀 있는 사람들을 감시하고 보호하는 역할을 해요. 보통 교도관이라고 부르지요.

보호직 공무원들은 법무부 범죄예방정책국과 그 산하기관(보호관찰소, 소년분류심사원, 소년원, 위치추적관제센터 등)에서 보호관찰 대상자와 소년범, 비행청소년 등을 조사, 관리, 지도하는 일을 해요. 보호관찰관, 소년원 교사 등이 여기에 해당하지요.

출입국 관리직 공무원들은 법무부의 출입국·외국인정책본부와 각 지역 출입국외국인청, 사무소 및 출장소 등에서 일해요. 보통 출입국 심사와 우리나라 안에 머무르는 외국인들을 관리하고 우리나라에 몰래 들어와 있는 외국인들을 찾아 그들의 나라로 되돌려 보내거나 풀어줄 때까지 관리하는 일을 담당하고 있어요.

이제 법원 공무원에 대해 알아보도록 할까요? 법원 공무원 역시 공무원 시험, 그러니까 공개경쟁채용시험(5, 7, 9급)에 합격한 다음 일정 기간의 연수를 받고 일을 한다는 점은 다른 공무원들과 크게 다르지 않아요.

이렇게 법원 공무원이 되면 각급 법원의 재판에 참여하고(재판참여관: 5급) 조서를 작성하거나 기록을 보관하거나, 소송 사항에 관한 증명서를 발급하는 등의 일을 해요. 또 각종 등기와 가족관계등록 업무 등 소송 외의 일도 해요.

자, 이제 마지막으로 입법 공무원에 대해 알아보도록 해요. 입법 공무원이 되려면 공개경쟁채용시험(5, 8, 9급)에 합격한 다음 국회 의정연수원에서 시행하는 교육을 받아야 해요. 그리고 나면 국회 상임위원회, 국회사무처, 국회 입법조사처, 국회 도서관 등에서 다양한 업무를 맡는데, 법률안 초안을 만들거나 국회의 의사 진행을 보좌하고, 일반 행정 사무를 맡아보기도 하며 직렬에 따라서는 회의록 작성 및 보존, 국회 본회의나 위원회 회의장 질서유지, 국회 도서관 사서 및 입법 관련 서비스 제공 등의 업무를 맡기도 해요.

이렇게 해서 법 관련 직업 중 공무원인 사람들은 어떻게 공무원이 되고, 어떤 일을 하는지에 대해 알아보았어요.

다음에는 법과 관련된 연구나 교육을 하는 사람들에 대해 알아보도록 해요!

## 법원조직법

**제42조(임용자격)** ① 대법원장과 대법관은 20년 이상 다음 각 호의 직(職)에 있던 45세 이상의 사람 중에서 임용한다.

1. 판사 · 검사 · 변호사

2. 변호사 자격이 있는 사람으로서 국가기관, 지방자치단체, 「공공기관의 운영에 관한 법률」 제4조에 따른 공공기관, 그 밖의 법인에서 법률에 관한 사무에 종사한 사람

3. 변호사 자격이 있는 사람으로서 공인된 대학의 법률학 조교수 이상으로 재직한 사람

② 판사는 10년 이상 제1항 각 호의 직에 있던 사람 중에서 임용한다.

③ 제1항 각 호에 규정된 둘 이상의 직에 재직한 사람에 대해서는 그 연수를 합산한다.

## 검찰청법

**제4조(검사의 직무)** ① 검사는 공익의 대표자로서 다음 각 호의 직무와 권한이 있다.

1. 범죄수사, 공소의 제기 및 그 유지에 필요한 사항

2. 범죄수사에 관한 사법경찰관리 지휘 · 감독

3. 법원에 대한 법령의 정당한 적용 청구

4. 재판 집행 지휘 · 감독

5. 국가를 당사자 또는 참가인으로 하는 소송과 행정소송 수행 또는 그 수행에 관한 지휘 · 감독

6. 다른 법령에 따라 그 권한에 속하는 사항

② 검사는 그 직무를 수행할 때 국민 전체에 대한 봉사자로서 헌법과 법률에 따라 국민의 인권을 보호하고 적법절차를 준수하며, 정치적 중립을 지켜야 하고 주어진 권한을 남용하여서는 아니 된다.

## 국가경찰과 자치경찰의 조직 및 운영에 관한 법률(약칭: 경찰법)

**제3조(경찰의 임무)** 경찰의 임무는 다음 각 호와 같다.

1. 국민의 생명 · 신체 및 재산의 보호

2. 범죄의 예방 · 진압 및 수사

3. 범죄피해자 보호

4. 경비 · 요인경호 및 대간첩 · 대테러 작전 수행

5. 공공안녕에 대한 위험의 예방과 대응을 위한 정보의 수집 · 작성 및 배포

6. 교통의 단속과 위해의 방지

7. 외국 정부기관 및 국제기구와의 국제협력

8. 그 밖에 공공의 안녕과 질서유지

제4조(경찰의 사무) ① 경찰의 사무는 다음 각 호와 같이 구분한다.

1. 국가경찰사무: 제3조에서 정한 경찰의 임무를 수행하기 위한 사무. 다만, 제2호의 자치경찰사무는 제외한다.

2. 자치경찰사무: 제3조에서 정한 경찰의 임무 범위에서 관할 지역의 생활안전 · 교통 · 경비 · 수사 등에 관한 다음 각 목의 사무

가. 지역 내 주민의 생활안전 활동에 관한 사무

1) 생활안전을 위한 순찰 및 시설의 운영

2) 주민참여 방범활동의 지원 및 지도

3) 안전사고 및 재해 · 재난 시 긴급구조지원

4) 아동 · 청소년 · 노인 · 여성 · 장애인 등 사회적 보호가 필요한 사람에 대한 보호 업무 및 가정폭력 · 학교폭력 · 성폭력 등의 예방

5) 주민의 일상생활과 관련된 사회질서의 유지 및 그 위반행위의 지도 · 단속. 다만, 지방자치단체 등 다른 행정청의 사무는 제외한다.

6) 그 밖에 지역주민의 생활안전에 관한 사무

나. 지역 내 교통활동에 관한 사무

1) 교통법규 위반에 대한 지도 · 단속

2) 교통안전시설 및 무인 교통단속용 장비의 심의 · 설치 · 관리

3) 교통안전에 대한 교육 및 홍보

4) 주민참여 지역 교통활동의 지원 및 지도

5) 통행 허가, 어린이 통학버스의 신고, 긴급자동차의 지정 신청 등 각종 허가 및 신고에 관한 사무

6) 그 밖에 지역 내의 교통안전 및 소통에 관한 사무

다. 지역 내 다중운집 행사 관련 혼잡 교통 및 안전 관리

라. 다음의 어느 하나에 해당하는 수사사무

1) 학교폭력 등 소년범죄

2) 가정폭력, 아동학대 범죄

3) 교통사고 및 교통 관련 범죄

4) 「형법」 제245조에 따른 공연음란 및 「성폭력범죄의 처벌 등에 관한 특례법」 제12조에 따른 성적 목적을 위한 다중이용장소 침입행위에 관한 범죄

5) 경범죄 및 기초질서 관련 범죄

6) 가출인 및 「실종아동등의 보호 및 지원에 관한 법률」 제2조제2호에 따른 실종아동등 관련 수색 및 범죄

② 제1항제2호가목부터 다목까지의 자치경찰사무에 관한 구체적인 사항 및 범위 등은 대통령령으로 정하는 기준에 따라 시 · 도조례로 정한다.

③ 제1항제2호라목의 자치경찰사무에 관한 구체적인 사항 및 범위 등은 대통령령으로 정한다.

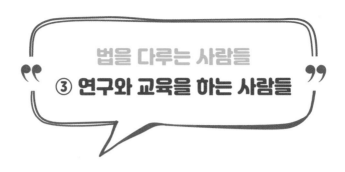

법을 다루는 사람들
③ 연구와 교육을 하는 사람들

법 관련 직업을 가지고 있는 사람들에 대해 계속해서 알아보고 있는데, 이번에는 연구, 교육을 직업으로 하는 사람들에 대해서 알아보도록 할게요. 앞서 살펴본 판사나 검사, 변호사, 변리사, 그리고 그 밖의 공무원들은 법률 실무, 법무 행정 실무를 담당하는 사람들이라면, 이번에 살펴볼 사람들은 법과 제도를 연구하여 법과 제도를 만들고 고치는 데 도움을 주거나 법률 실무, 법무 행정을 담당할 사람들을 가르치는 일을 주로 하는 사람들이라고 할 수 있어요.

우선, 법학전문대학원, 일반대학원 법학과와 각 대학교의 법학과, 교양학부에서 법률을 가르치는 교수들이 여기에 해당한다고 할 수 있어요. 보통 법학 교수가 되기 위해서는 4년제 대학을 졸업하고 대학원에서 법학을 전공하여 박사학위를 취득해야 하며, 대학과 대학원 재학 중의 법학 분야 연구 실적을 포함하여 박사학위를 취득한 이후까지 법학 분야 연구 실적을 가지고 있어야 해요. 연구 실적이란 연구 논문을 작성하여 학술지에 게재한 실적을 의미해요.

그렇다면 박사학위가 없는 사람은 대학이나 대학원에서 법학을 가르치는 교수로 일할 수 없는 것일까요? 꼭 그렇지는 않습니다. 판사, 검사, 변호사로 활동한 경험이 있는 사람도 대학이나 대학원에서 법학을 가르치는 교수로 일을 할 수 있어요. 실제로 소송을 준비하고, 재판에 참여한 경험이 있어, 특히 법학전문대학원에서 판사, 검사, 변호사가 되기 위한 과정을 공부하고 있는 학생들에게 그 경험을 바탕으로 한 살아 있는 교육을 할 수 있겠지요?

그렇다면 법학 교수들은 어떤 일을 하게 될까요? 앞서 설명한 것처럼 기본적으로 교수들은 대학과 대학원에서 법학을 전공하고자 하는 학생들과 법학전문대학원에 재학 중인 학생들의 법학 및 법률 실무를 가르치는 일을 해요. 법학전문대학원이 아닌 일반대학원 법학과에 재학 중인 학생들은 석사과정을 거쳐(석사과정에서 마치는 예도 있지만) 박사과정으로 진학해요. 교수들은 석사학위 그리고 박사학위를 취득하기 위한 학위논문을 작성하는 학생들의 논문을 지도하기도 해요.

학생들을 지도하는 일뿐만 아니라 교수들은 자신의 전공 분야에 관한 연구도 꾸준히 해야만 해요. 정부나 연구기관에서 필요로 하는 법이나 제도 관련 연구 사업에 참여하여 연구물(연구보고서나 논문)을 내기도 하고 자신의 관심 분야에 대해 많은 양의 자료를 조사하고 깊이 있게 연구하여 학술지에 연구 논문을 싣기도 해요.

교수들은 이렇게 학생들을 지도하여 미래의 법조인들을 키워내기도 하고 자신들과 같은 연구자들을 키워내기도 하며, 연구 활동을 통해 국가에 필요한 새로운 법이나 제도를 만들고, 고치는 데 도움을 주기도 해요.

이제 마지막으로 법과 관련된 연구를 하는 사람들에 대해 알아보도록 해요. 보통 법 관련 연구를 하는 사람들은 대학에 소속되거나 특정 연구원, 연구센터 등에 소속되어 일해요. 연구원이 되려면 일반적으로

대학을 졸업한 후, 대학원에서 법학을 전공해서 석사나 박사학위를 가지고 있어야 하고, 연구 실적이나 연구 참여 실적(학위논문을 제외한 논문 또는 연구물의 책임연구, 공동연구, 연구 보조 등)이 있어야 해요. 그 후에는 해당 연구원이나 연구센터의 채용절차(서류심사나 필기, 논문심사, 연구계획발표, 면접 등)를 거쳐 선발되면 그 연구센터 소속 연구원이 돼요.

연구원이 되면 소속된 연구센터에 주어진 연구나 정책과제를 수행해요. 다양한 분야의 법제 연구와 해외 법률 연구, 비교 법률 연구 등에 참여하거나 연구 과제의 총괄 담당이 되어 연구를 진행하기도 해요. 이 연구 결과들은 국가의 정책 수립이나 법령을 도입·개선하는 데 아주 중요한 자료로 사용되지요.

이렇게 해서 법 관련 직업에 대해 알아보았어요. 판사, 검사, 변호사 외에도 변리사, 경찰, 그 외 공무원, 교수 등 여러분에게 익숙하기도 하고 조금은 낯설기도 한 이 직업을 가진 사람들이 어떤 일을 하고 그들의 역할이 우리 생활에 어떤 영향을 주는지를 알 수 있었던 시간이었으면 해요. 또한 여러분이 앞으로 여러분의 직업을 찾아보고, 선택하는 데에도 도움이 되었기를 바랄게요!